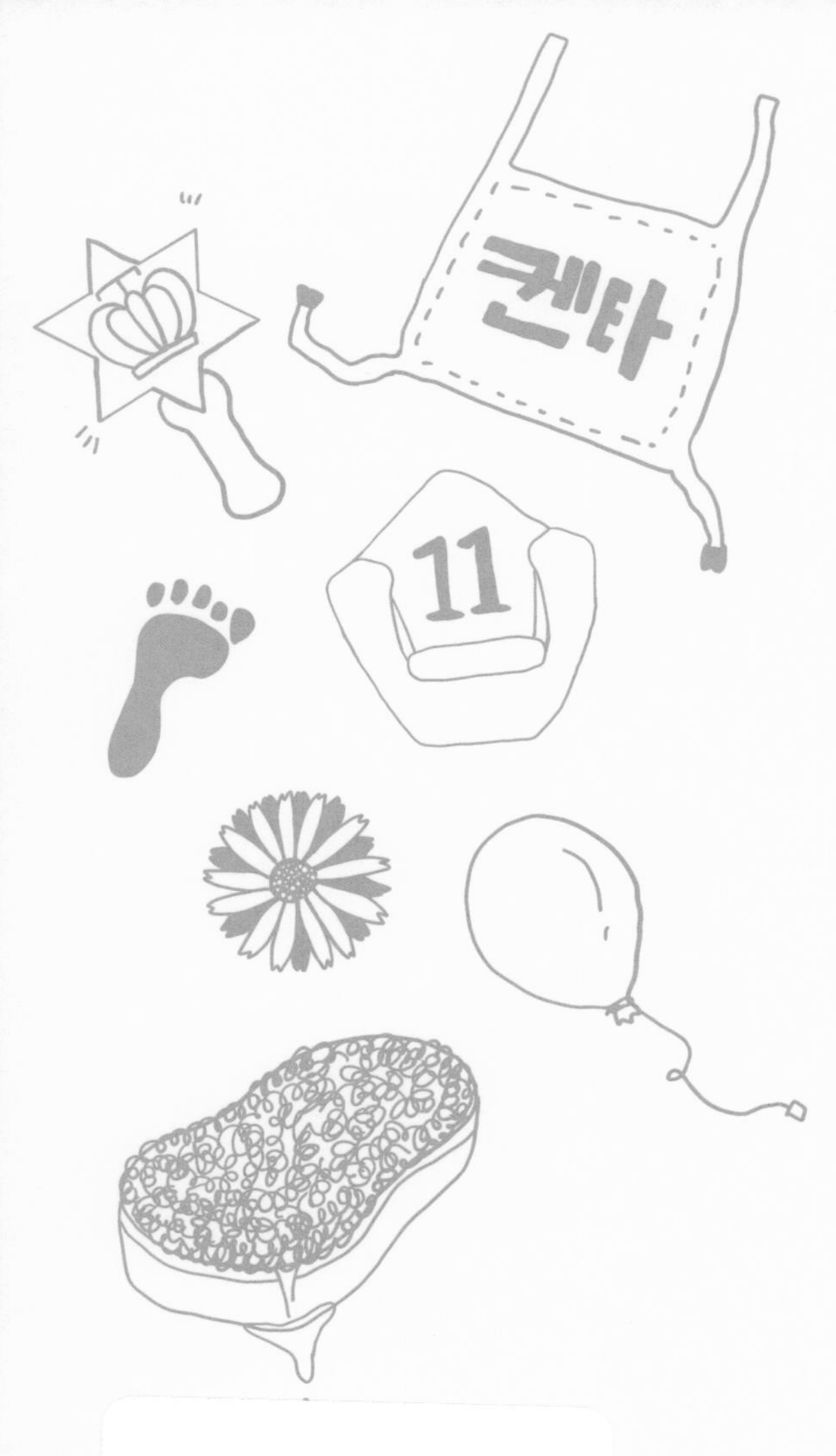
켄타
11

JN038868

日本人が
韓国に渡って
K-POPアイドル
になった話。

髙田健太

KADOKAWA

A
B
부기부기
부기부기

日本人が韓国に渡ってＫ－ＰＯＰアイドルになった話。

はじめに

アイドル
（1）偶像。↓イドラ。
（2）あこがれの対象者。特に、人気のある若手タレント。
新村出編「広辞苑」第七版（岩波書店　2008年）

アイドルとは何か。

辞書やインターネットに書いてある説明を読んでも、イマイチしっくりこない。人によっては未だ定義のない存在だという意見もある。現代社会において、アイドルが一種の職業であるということは誰もが理解している。いわば、その程度の共通認識でしかないということだ。はっきりとした定義がないからこそ、夢を与える者として存在することができているのかもしれない。言ってしまえば、それ以上の何者でもないし、誰も気にするほどのことではないようだ。

そんなことはないと反論する人も出てきそうだが、アイドルに関する論文を見ても、その定義については内容がバラバラであったり偏っていたりするものが多い。しかもそこに書かれているようなことを要約して辞書に載せましょうなんて動きは、今現在は見られない。冒頭で紹介した「アイドル」に関する辞書の語釈を見てみても「人気のある若手タレント」であると説明されている。もちろん時代の流れによって言葉の意味も変化し、その都度、辞書の記載も変更されているが、日本のアイドルと呼ばれる人を見れば40代や50代の方もいる。考えれば考えるほどによく分からなくなってくるアイドルという存在は、だから魅力的なのだろう。

昨今は日本国内でもJ-POPアイドルを始め、K-POPアイドルの人気も著しく、グローバルに活躍するアイドルの魅力にファンダムの規模も大きくなっている。そしてアイドルを応援するだけではなく実際にアイドルを目指す人口も増え、それに伴いダンススクールも多様化し、韓国の事務所を仲介したり事務所と共同でオーディションを開催する所も多くなった。ただ、音楽ビジネスと若者の夢がお互いの望む綺麗な形に収まることは難しく、社会経験の少ない若者がビジネスマンたちの餌食になることもまだたくさんあるのが現実だ。

そしてSNSが生活の一部になった今、ファンビジネスという観点から見ても、アイドルとファンの距離感からくる問題や、当人同士のメンタル問題なども深刻になっている。この現実がありながら、人はアイドルに夢をもらい、夢を与えたいと思うばかりで、この根底にある目に見えない何かをハッキリさせようとはしない。だから結局のところビジネスとして消費するだけのシステムになっているし、それがアイドルなのだと定義してもいいくらいには確実なものになっている。

では、なぜそうなったのだろうか。変えることはできるのだろうか。それは僕がここで言えることではないが、一つだけ言えるとしたら今現在、生産者となっているアイドルと芸能事務所、そして消費者となっているファンが、それぞれ自ら「考える」という行為をする必要があるのではないかということだ。アイドルとは何なのか。曖昧であるからこそ生まれる良さや問題を把握し考える。それだけで、答えを出さずとも今と違った未来が待っているのではないだろうか。

社会的に何かをハッキリさせることが全て正しいとは思わないが、混沌とした世の中であるほどに、自分自身の中にあるボヤけた定義をハッキリさせる必要はあると思っている。アイドルになりたい人もアイドルビジネスをしている人も、もちろんそうでない人も一度「アイドルとか何か」について考えてみてはいかがだろうか。

冒頭でなぜこの話をしているのかは、この本を読み進めてもらえれば分かってもらえると思うが、先にお伝えしておくと僕もアイドルだ。2017年に韓国でアイドルとしてデビューし、現在は前所属事務所と訴訟中で借金がある。今の簡単な自己紹介だけ見ても、なぜ僕がこの本を書いているのか少しばかり分かっていただけたのではないかと思っているが、活字で見るとすごいパワーワードが並んでいて、初見の方が僕に対してどんなイメージを持たれるか少し不安だ。でも変な人ではないことはお約束したい。

そしてもう一つ、この本を読み進めてもらう前にお伝えしたいことがある。それは、この本はアイドルについての定義を書いた本ではないということだ。散々「アイドルとは何か」を語っておいて定義をお教えできないのは申し訳ないが、この本は僕がアイドルのファンとして経験したこと、そして僕自身がアイドルとして経験したことを基に「アイドルとは何か」、そして僕なりに見つけた「自分という存在」について書いた本である。だからアイドルになってみたい人、K－POPという世界に興味がある人の一つの参考書として読んでいただけたら嬉しいし、自分自身の価値や生き方に悩んでいる人に読んでいただき、少しでも人生の役に立ててもらえたら、心から光栄に思う。

はじめに

Chapter 1 マイストーリー 025

Chapter 2 刹那、だから軌跡 073

Chapter 3 「あいだ」に存在する 117

Chapter 4 アイドルという人生 151

Contents

*本文中で言及している韓国ウォンの日本円換算はエピソード当時のレートを基に算出しています。

Chapter 1

マイストーリー

スポンジ人間

　母子家庭で育った僕は、幼い頃から友人家族の旅行について行ったり、親の知り合いに預けられたりすることが多かった。長期の休みには祖母の家で過ごし、たまに会える父には恋人がいたから、一緒に遊んだりもした。子どもながらにその状況を理解していたし、面倒を見てもらっている立場上、粗相のないようにと常日頃から思っていた。でも本当のところはもっと母に甘えたかったし、家族みんなでいろんな所に遊びに行きたかったのだと思う。家族ではない誰かと過ごし、別の家庭にお世話になる環境の中で、甘えるという行為がよく分からなくなり、自分の意見を言うという行為はしてはいけないと自分に言い聞かせていた。

　友人家族と遊びに行った時、友人が親におねだりをし、お菓子を買ってもらう。友人の親は僕にも当たり前のようにお菓子を買ってくれたけれど、僕は安そうな物を選ぶ。父と久しぶりに会った時は、父の恋人と三人で遊園地に行ったりドライブをしたりする。二人は僕がいるからか手もつながないし、父の恋人も僕に合わせようと頑張ってくれているのを感じた。なのに父に二人で会いたいなんて、言えるはずもない。そんな幼少期だった僕は、学校でも周りに合わせ、自分の意見を発言することから避けていた。笑顔でいればいい、おちゃらけていればみんなが笑ってくれる。それでいい。空気をよく読み、顔色を伺い続ける少年はこうしてできあがっていった。

中高生になってもそんな調子でいた僕は、いつからか自分の周りにいる人と同じような性格になり、同じような物を好きになっていた。もともとは整理好きな僕も、整理するのが苦手な友人とルームシェアをしていた頃は、部屋が足の踏み場もないくらい物で散らかり、ゴミの山ができていても大丈夫だったし、それがストレスではなく、なんなら心地いいくらいだった。方言を使う友人とよくいた頃は、行ったこともない場所の方言を使っていたし、アメリカの文化が好きな友人とよくいた頃は、狂ったように海外ドラマや音楽を聴きあさっていた。

僕は良くも悪くも、周りの影響を受けやすい人間になっていたのだ。地元の幼馴染にたまに会えば、会うたびに違う人間を見ているみたいだと言われたし、時には怖いとまで言われたこともある。自分でも驚くくらい性格が変わった。幼少期に常に周りに遠慮し、自分の好き嫌いや良し悪しを無視し続けた経験が、僕をスカスカのスポンジのようにしてしまった。

人間誰しも周りの影響を受けてきただろう。それをたとえるなら白いキャンバスの上にペンキを垂らすようなもので、ゆっくりとにじんでいく。でも僕は違った。コップの中にある水にインクを一滴でも垂らせば、たちまち全体に色が広がっていきやがては濁る。そのくらい速いスピードで違う人間になってしまう。いろんな自分がいるようで、どれが本当の自分なのかも分からず、自分自身に振り回されているように感じた当時の僕は、そんな自分を変える勇気もなく、ただただスカスカのスポンジ人間であり続けるしかなかった。

夢をみる

母によると、僕は幼い頃からスーパーに流れるちょっとポップで安っぽい曲に合わせてよく踊っていたらしい。もちろん僕は全くもって覚えていない。でもいまだにスーパーに行って店内に流れる曲を聞くと、なんとなくワクワクするし、自然とリズムをとってしまう癖を見れば、母の言っていたことが嘘ではないことは確実に分かる。実際、物心ついた頃からは、カセットに録音した某テーマパークのパレードやその当時はやっていた音楽を、持ち運び用の小さいカセットプレーヤーに入れて流しては、友達と近所の神社に行ってコンサートを開いていた。今考えてみれば見せられているほうはいい迷惑だったと思う。ここまでのたった数行だけでも説明がつくが、僕は根っからのおふざけ野郎なのだ。

そんなおふざけ野郎な僕が、本格的に「芸能界」に興味を持ったのは小学校4年生の頃。当時、期間限定で活動をされていたピンク・レディーのお二人の特集を見たことがキッカケだった。ピンク・レディーのことを知らない方のために簡単に説明すると、静岡出身の女の子二人が、東京のオーディション番組に出演し合格。夢のデビューから怒涛のスケジュールをこなし、当時は知らない人がいないほどの社会現象を巻き起こす。その後、アメリカ進出に成功するも、デビューから4年7ヶ月で解散。と、本当に申し訳ないほどに簡略化した説明からでも分かる通り、ものすごい人たちなのだ。

ましてや解散から20年以上も経っているのに、僕がテレビで見たお二人は、デビュー当時のステージよりもさらにパワーアップしている。キャッチーな歌とダンス、曲ごとのコンセプト。小学4年生の僕は、一瞬で虜になっていた。「芸能界」という枠を超えて、音楽でここまで人を虜にできるんだと、テレビを通してそのすごさを目の当たりにした。

それから間もなくして、母の地元に一緒に帰省した際、途中で立ち寄った高速のサービスエリアで偶然、ピンク・レディーのデビュー曲である「ペッパー警部」の8cmCDと出合った。すぐに母に買ってほしいとねだった。結局買ってもらったのか、自分のお年玉で買ったのか定かではないが、多分買ってもらったであろうCDを、僕はすり減るほど聞き、フリを覚えては大人たちの前で披露した。近所のスナックで踊れば、健ちゃんはすごいねぇとスナックのママやお客さんが褒めてくれたのを覚えている。なぜスナックで踊っていたのかはまた別の機会に話すとして、大人たちから褒められて嬉しくない子供はいないはずだ。たまにお駄賃をくれる人もいたけれど、それよりも褒めてもらえる嬉しさで、小学4年生の僕は、よく踊っていたように思う。

同じ頃、注目を浴びることへの優越感を感じていた僕は、それまで夢を聞かれてもウルトラマンになりたいだとか、学校の先生になりたいだとか、なんとなく答えていたが、人生で初めて根拠のある夢ができた。それが「芸能人」になることだった。初めてピンク・レディーが活動していた70年代当時の映像を見た時、ステージでキラキラ輝くお二人に元気をもらったのはもちろんだが、そんなお二人を応援するたくさんの人がいること、社会をも動かすほどの影響力があったことを目の当たりにし、そのすごさに魅了されたことが、僕の夢を「芸能人」にしたのである。

そして、もう一つ僕の心を動かしたことがある。それはステージでの輝きの裏にある苦労と、苦難に立ち向かう姿だった。デビューから数年間は一日平均2、3時間睡眠で、時には次の現場までヘリコプターで移動し、メディアからのバッシングにも負けずステージに立ち続けられた姿には、ただ光を浴びてゆらゆらと輝いているものからは感じることのできない美しさがあった。何か分からないカッコよさを感じた。

当時まだ小学生だった僕は「芸能人」にさえなれば、ピンク・レディーのようになれると信じていた。人の前に立ってキラキラ輝き、あわよくば誰かに勇気を与えることができるなら、それが歌でも笑いでもなんでも満足できると思っていたので、「芸能人」であれば職種はなんでもよかったのだ。

今考えてみれば、平凡でちょっぴり貧乏な家で育った子どもが、キラキラ輝くことに憧れを持ち、誰かに勇気を与えたいと思うのは、タバコのヤニで黄ばんだ家に住み、その状況を変えることのできない環境にいれば、当然のことだったようにも思える。

〝夢をみる〟というその微かな希望の光が、自分の人生を変えてくれると本気で思わせてくれるほどに、僕は「芸能人」に対して絶対的な憧れを持つようになっていった。そして、静岡の女子高校生二人がピンク・レディーとして全米デビューを果たし、冠番組を持つほどのスターにまでのぼり詰めたように、自分にも何かできるかもしれないという、人生の中にある漠然たる可能性を、この頃から探し始めていた。

転機

中学生になると、僕のテレビに対する憧れはさらに大きくなっていた。その頃一番ハマっていたバラエティ番組といえば、日本テレビ系列で現在も放送中の「世界の果てまでイッテQ!」だった。出演者が色々な国や地域に行ってさまざまなことに体当たりで挑戦する番組である。番組名くらいは誰でも一度は聞いたことがあるほど有名な番組だが、珍獣を探す旅に出たり世界各国の祭りをリポートしたり、とにかく出演者の一生懸命に取り組む姿や、時折見せるブラックな姿に、たくさん笑わせてもらった。

当時も変わらずふざけることが好きだった僕は、この番組を視聴しながら人を笑わすことの素晴らしさや、笑いを操る芸人という職業を知ることになる。もちろん小さい頃から芸人という人たちを知ってはいたが、画面を通して笑いに対するストイックな姿を感じれば感じるほど、泥まみれの芸人さんたちがキラキラして見えた。集合団地にあった僕の家は、築年数もあったからか上下階の人の大きな声も聞こえるほどだったが、毎週日曜日の夜8時になると上からも下からも笑い声が聞こえてきた。全国にいるたくさんの視聴者を笑わせ、また明日から頑張ろうと思わせてくれる。そんな人たちがキラキラ見えないはずがない。それほどに芸人さんの虜になっていた僕は、いつしか自分自身も芸人として人を笑わせたいと思うようになっていた。

小学4年生の時にキラキラ輝く「芸能人」に憧れて夢みた僕が、「芸能界」という漠然とした世界の中で「笑い」という一つの答えを見つけようとしていたのだ。気付いた頃には、お笑いの育成スクールを調べて資料請求までし、申込書の記入も済ましていた。ちなみに、入学に必要なお金の準備も親の同意も得てはいなかったが、本気でなんとかなると思っていた。

少し話はそれるが、たまに自分でも驚くほどに行動力が発揮される瞬間がある。この先もこの本を読み進めてもらえば分かるだろうが、僕は直感的に物事を決めることが多いし、行動力もあるほうだと自負している。ただそれは幼い頃からそうだったわけではなく、あくまで後天的に身に付いたものといえる。一般的に普通と言われる家庭環境とは違った幼少期を過ごし、常に自分に対しての劣等感に苛まれていた僕の人生、そして僕という人間を変える出来事が、この頃から徐々に起こりだした。その始まりともいえる人生の転機の話を少しさせてほしい。

芸人になるための育成スクールへの入学手続きを終わらせようとしていた頃、僕は高校生になっていた。バイトも始めて、育成スクールのお金は自分でなんとかするつもりだった。あとは親を説得するという重大任務のみが残っていた時、当時はやり始めていたYouTubeを見ていると、関連動画にビジュアルバンドのような濃いメイクをし、韓国語で歌って踊る人たちが出てきた。何気なしに見てみると曲のサビで「ショックショック」と繰り返し言っている。僕はその姿にショックを受けた。もちろんいい意味でだ。

踊っているダンスもカッコよかったし、何より曲のサウンドが好みだった。調べてみるとBEASTというK-POPアイドルのグループで、それから僕がどうなったかは言うまでもない。僕はK-POPという沼に落ちた。当時は、日本のテレビでも東方神起さんや少女時代さん、KARAさんなどが活躍していたし、僕の姉も東方神起さんのファンで日頃から馴染みはあった。でもまさか自分がK-POPの沼に落ちるなど想像もしていなかったし、いつの間にか、芸人の育成スクールのことなどすっかり忘れていた。

YouTubeを開いてはK-POPのMVを見るという生活を1ヶ月ほど過ごした頃だっただろうか。いつものようにYouTubeを見ていると、SF映画に出てくる未来人のような格好をした男性グループの曲が流れてきた。EDMサウンドに合わせて高くジャンプをするフリが印象的な曲で、迫力のあるダンスとサウンドが一度聞いてから頭から離れなくなっていた。

どんなチームか気になった僕は、すぐに検索サイトで調べて驚いた。グループの一番年下のメンバーが、自分と同い年だったからだ。これだけ迫力のあるダンスを同い年の子がカッコよく踊って歌っている。それまでの人生、何かを成し遂げたこともなければ死ぬ気で努力したことなどなかった僕にとって、そんな彼らの姿は輝いて見えたし勇気をもらった。同時に、努力の結果を見せつけられているような気がして悔しかった。

自分を魅せることのカッコよさや素晴らしさを感じた瞬間、全身の細胞が沸き立つような衝撃が走った。自分でもよく分からないブルブルと震えるような感覚。そしてその直後に感じた、難しい問題が解けた時のようなハッとする感覚。僕は思った。僕が目指すべき場所はここだ。正解も間違いもない、ただ自分の中に感じる確固たる何かを僕は信じた。これがいわゆる「直感」だということを、この時の僕はまだ知らないが、この出来事が僕の人生を180度変えることになる。まさに、人生の転機を迎えた瞬間だった。

ルイージの悲鳴

僕がK-POPアイドルを目指すきっかけになった人。それはTEEN TOPのRICKYさんだ。TEEN TOPは当時K-POP界で平均年齢が最年少のチームだった。その中でも一番年下の学年であるRICKYさんは僕と同い年で当時15歳。初めてYouTubeで見た時はデビューから2作目のアルバムの活動中で、赤髪のアシンメトリーなスタイルでマトリックスのように腰を90度に曲げるパフォーマンスをしていた。最初はCGか何かかと思っていたけれど、プラクティス動画（ダンスパフォーマンスの練習動画）を見ても同じ動きをしている。僕は彼のダンスに惹き込まれ、動画を見ているうちにいつの間にかファンになっていた。

それまでも好きになった芸能人や著名人はいたけれど、ここまでハマるのは初めてで、それは同い年の男の子がステージで輝いているという点が大きかった。年が同じであるという共通点が僕の可能性を刺激し、さらに日本の芸能界とはまた違った良さにも魅力を感じたからなのだと思う。

最近のK-POPといえば日本でも大衆的になり、日本向けのコンテンツも増えた。日本だけではなく、韓国のコンテンツがここまでグローバルに受け入れられ「Made in KOREA」ブランドが有名になったのにはさまざまな要因があるのだろうが、韓国と世界の間に日本がいるということが一つの要因であるのは確かだと思っている。そして韓国と世界をつなぎ、物理的な距離感を感じさせないコンテンツとして動画（MV・ビハインド・プラクティス・チッケムなど）をアップするK-POPの手法に、世界へ自国のアイデンティティを発信するという覚悟が僕には感じられた。だから13、4年前のK-POPは、韓国という色を濃く感じられるサウンドが多かった。そこに一番魅力を感じた僕は、K-POPにハマっていくほどに、どんどん夢への気持ちも大きくなっていった。

直接会ってみたい。生のステージを見てみたい。そう思うようになった矢先、TEEN TOPの日本単独公演の発表があった。少しの迷いもなく、すぐにチケットを取った。当日は一番付き合いの長い親友にお願いしてついて来てもらっていたが、Twitter（現：X）で知り合ったオタク仲間にもたくさん会った。

おちゃらけで目立ちたがりの僕は、何を思ったのかルイージの格好をし、親友にはマリオの格好をさせた。本当に迷惑なやつだ。特にマリオを親友に着させ自分はルイージを着るあたりが、自分はあくまで付き添いだと思わせるネチネチした思惑が丸見えで、気持ちが悪い。よくアーティストご本人の衣装を真似て着てくる人はいるけれど、TEEN TOPのメンバーが好きだからとか、接点があるからとかそんな理由ではなく、ただ単に目立たなければの一心でルイージになった。しかし、それには理由があった。公演終了後にハイタッチ会があったのだ。本人に会える。数秒でも自分の気持ちを伝えることができる。だったら目立ったほうがいいじゃないか。そんな単純な思いだった。

公演は言わずもがな、生で見るパフォーマンスは動画の100倍は迫力があって最高だった。公演終了後、さあついにハイタッチ会だ。順番を待ちながら、言いたいことを韓国語で言えるよう事前に手に書いておいたメモを見る。おかしい。文字が見えない。確かに書いたはずのメモが消えている。その日はスタンディングの会場だったため、公演中は揉みくちゃサウナ状態だった。当然そんな所に2時間もいれば汗もでる。僕の伝えたい気持ちを書いたメッセージは、その汗と共に消え去ったのだ。

焦る僕を追い込むかのように、頼んでもいない汗が追加で出てくる。僕は覚悟を決めた。アドリブでいこう。そうこうしているうちに順番が来た。体感では1秒もあっただろうか。メンバー6人が並んでいるところを進みながらハイタッチしていくのだが、流れるプールに入っているような優雅な感じでは決してなかった。スプラッシュマウンテンにでも乗っているかのような一瞬の出来事だった。当然そんな中で何かを伝えることなんてできず、必死すぎて親友と悲鳴を発しながら通り過ぎたと思う。メンバーも恐怖だっただろう。赤と緑の二人組が悲鳴を発しながら過ぎ去っていくのだから。

そんなこんなで僕の初単独オフラインイベントは終わった。この公演での出会い、経験が後の僕のオタク活動に影響を与えることになるが、この時の僕はよく分からない達成感と満足感に浸っていたのである。

天使という名の男

K-POPのファンダムにはそれぞれ名前がある。TEEN TOPのファンダム名は「ANGEL」だった。最初に知った時はドキッとした。いくら15歳の男子高校生でも、ファンシーで可愛らしい名前を名乗ることには少しばかり抵抗があったからだ。しかも当時平均年齢が15、6歳のチームを応援する人といえば、お姉様方や女子中高生がほとんどで〝ナムジャペン〟と呼ばれる男性ファンは少数派だった。

日本公演を経験した僕は韓国のアイドル文化にさらに興味が湧き、韓国に行ってみたいと思うようになった。ちょうどその頃、TEEN TOPのカムバック（新曲を出すこと）の発表もあり界隈はさらに盛り上がっていて、公演で仲良くなったANGEL仲間と連絡を取り合っている中で「韓国のサイン会に参加しよう」という話が出た。ただ、地元から東京に出たことも数回しかなかった僕は、もちろん海外になど行ったこともない。パスポートの取り方も知らないし、韓国語どころか英語も喋れない。そんな僕が韓国に行くことはできるだろうか、と一瞬の迷いはあった。それでもTEEN TOPに対する気持ちが大きくなっていた分、不安はなかった。

それよりも、デビュー以来まだ音楽番組で1位を取ったことのなかったTEEN TOPに1位を取ってほしい。1位を取る姿を見たいと願っていた。そのためにはアルバムの売上枚数が大きく関わってくることを知っていた僕は、使命を果たすためにも絶対に韓国に渡らなければと、意味不明な責任感に駆られていた。

すぐにパスポートを取り旅行の手配を終え、あとはサイン会の応募をするだけだった。しかし、ここで一つ目の壁が立ちはだかる。それは言語の壁だった。僕がオタク活動をしていた2011年は今と違い、サイン会の応募をはじめとする全てのスケジュールの告知が基本的に韓国語のみだった。当時の携帯もまだ翻訳機能が今ほどではなく、細かい情報までチェックしきれない。本当に大丈夫だろうか。そんな少しばかりの不安とお金を持って、僕は生まれて初めて海を渡った。

あらかじめ韓国に渡っていたANGEL仲間にお願いして、サイン会の応募をしてもらっていたため、入国後はすぐに会場へ向かった。初めての海外にワクワクしている暇なんてない。それがオタクである。到着すると身分証のチェックをされて中へ入る。会場には200人ほどが集まっていただろうか。ライブホールのような場所で、ステージ上にはメンバーが座るであろう椅子が6脚と長机が置いてあった。

思いのほか近くで拝めると知った途端、急にドキドキしてきたのだが、そんな僕を追い込むかのような事態が発覚する。会場には男がいなかった。いくら見渡してみても男は僕一人。別に気にしなければいい話だけれど、そういう問題ではなかった。思春期の男の子が199人の女性、しかもスタッフまで女性という会場の中に1人でいたら、いてはいけない場所にいるような気がして申し訳なくなってくる。

せめてもう1人、あと1人だけでもいてくれれば安心できたかもしれないが、そんなことで怯んでる時間など僕にはなかった。その理由は、ルイージの格好で発狂しながら過ぎ去った時の無念を晴らすため、新しいコスチュームを準備してきていたからだった。それはいつかの番組でTEEN TOPが少女時代の「Kissing You」をカバーしたときに着ていた衣装で、当然同じものを準備するなんてできず、市販の服をリメイクして作った。

早速着替えて席に着くと、次はRICKYさんに伝えたいことを復習した。前回の失敗を繰り返さないために、手ではなく紙に書いておいた文章をひたすら繰り返し読んだ。そんなこんなでバタバタしていると、何の前触れもなくメンバーが登場してきた。初めは声を出すどころか手を振ることさえできなかった。メンバーの挨拶が終わるとすぐにサイン会が始まった。

ファンたちは持参した立派なカメラでメンバーを撮り始める。これが日本とは違うところだが、韓国のサイン会を含む、ファン参加型のイベントは撮影が可能なことが多い。だから〝大砲〟と呼ばれるものすごく長いレンズをつけたカメラで写真を撮るファンが一定数存在して、撮った写真はＳＮＳにアップしたりするのだが、中にはプロ顔負けの写真を撮るファンもいる。会場では結構な数のファンがカメラで撮影をしていたので、記者会見のようにカメラのシャッター音が鳴り止まず、そんな中でどんどんと整理番号が呼ばれていく。

韓国のサイン会は番号が呼ばれるとステージ横に整列し、自分の順番を待つスタイルだが、僕はちょうど真ん中あたりの番号だったので少し時間に余裕があった。とはいっても、伝えたい気持ちをちゃんと伝えられるだろうか、準備したプレゼントは喜んでくれるだろうかと考えているうちに、緊張でお腹が痛くなってきた。鼓動が早くなり気持ちも悪い。ついに自分の番号が呼ばれると、心臓は口から出てきていた。いやそんなことはないのだが、そのくらい緊張が最高潮に達していた。

サインはメンバー全員からもらえるため、横にずれながら移動していくのだが、なんと僕の推しは一番初めだった。スタッフさんの誘導でメンバーにアルバムを渡す。動画で見ていた人が僕の目の前にいる。この状況を飲み込む間もなく、推しはサインを書き始めた。推しのほうから色々と話しかけてくれたのだが、韓国語が分からない僕は何を言っているのか理解できず、うんうんとうなずくことしかできなかった。

サインをもらったら基本的にすぐ移動しなければいけなかったので、あれだけ準備した推しへの感謝の想いを伝えなければと、持っていた紙を見ながら必死に伝えた。片言の韓国語でちゃんと伝わっていたかは微妙だけれど、僕があまりにも必死だったのだろう、推しは真剣な顔で聞いてくれた。最後に握手をして次のメンバーに移った。申し訳ないが、正直残りの5人に関しては記憶がない。緊張が解け逆に頭が真っ白になった。

それでもルイージの無念を晴らすことができた僕は、安堵と嬉しさからかフワフワと宙に浮いている感覚になった。まるで羽が生えた天使のように、どこへでも飛んでいけそうだった。そしてさっき推しに伝えた言葉をもう一度、心の中で伝えた。

「僕は日本でカバーダンスをしています。そのチームで僕はあなたのパートを担当しています。いつか一緒に踊りたいです。僕の夢はアイドルになることです」

真似のプロ

僕には、歳の離れた姉が二人いる。聞く話によると二人とも習い事をしていたそうで、ピアノに書道、水泳やバスケ、さらには学習塾にも通っていたらしい。よくよく思い出してみると、塾の送迎やバスケの試合についていった記憶がある。僕が幼稚園に上がる頃には両親が別居をしていたために家計は厳しくなり、姉たちも中学生になって習い事ではなく部活動をしていたが、小学生になると僕にも人生で初めて習ってみたいことができた。それは柔道だった。

なぜやりたいと思ったのかハッキリと覚えている訳ではないが、テレビでやっていた柔道の試合で選手が相手を背負い投げる姿がカッコいいと思ったからだったと思う。何とも子どもらしい可愛い理由だ。幼い頃から細身で身体が弱かった僕は、柔道で強くなるんだと決心し、母に話してみた。

「ねぇねぇ、柔道習ってみたいなぁ」

すると母から帰ってきた言葉はあまりにもあっさりしていた。

「うーん、お金ないから無理」

料理の味付けがいつも濃い母からは、想像できない程のあっさり具合だった。でも「お金ない」が口癖だったことを考えれば、想像のつく回答だったかもしれない。あまりのあっさり具合に諦めがついた僕は何も言わなかった。というか、言葉が出なかった。その当時の僕は、家と生きていくためのご飯があるだけで幸せなことに気付けるはずもなく、姉が習い事をしていたのに自分だけできないのは不公平だと思っていた。

それから時が経ち、高校生になった僕はアイドルになるという夢ができた。アイドルになるには、歌を歌ってダンスを踊れる人になる必要がある。そう思ったが、小学生の頃に習い事を拒否された経験から、どうせ親に言っても否定されるだけと親に頼ることを諦めていた。

アルバイトを始めたこともあり自由に使えるお金が増えた分、自分でどうにかしようと考えた。でも当時の僕は根っからのマイナス思考人間だったために、何をしようにも「自分なんか」と思うようになっていた。幼い頃からアイドルの曲を真似して踊る程度しかダンス経験がなかったし、歌なんて合唱コンクールでやったくらい。人前に立つことが好きなくせに、いざ人前に立つとビビって引っ込んでしまう。注目を浴びれば浴びるほど、周りからどう思われているのか気になって寝られなくなる。

アイドルになる子たちを見れば、小学生の頃から頑張って練習し高校生くらいでデビューしているのに、自分は今高校生でダンスも歌も未経験。僕は怖くなった。自分がダンス教室に習いにいけばきっと馬鹿にされるだけだと決めつけて、自らを焦りの崖まで追いやっていた。何ができるだろうか、何をするべきなのだろうかと考えた末に、自分のペースでできる僕なりの答えに辿り着いた。それはアイドルのカバーダンスをすることだった。

不思議なことに、ちょうどその頃、一通のメッセージが僕の元に届いた。それはK-POPカバーダンスチームのメンバー募集で、すぐに返信をし、その週の土日にメンバーと会うことになった。場所は高田馬場にあるダンススタジオ。親には友達の家に遊びに行くと嘘をつき、東京へと向かった。

当日、緊張しながらスタジオに入ると4人のメンバーがいた。みんなスラッとした体型に整った顔立ちで、これが東京かとひとり感心していると、ダンスを一曲見せてほしいと言われた。何を踊ったかは覚えていないが、オーディションのような感じでメンバーが見ている中、鏡に向かって踊った。

踊り終えるとリーダーから毎週土日にある練習に参加できるか確認された。みんな学生だったので深夜帯の練習、場所はもちろん都内。いつもの僕なら悩んでいただろう問いに、その時は可能であると即答していた。結局それが合格となり、僕はその日からカバーダンスという世界に足を踏み入れたのだ。

チーム加入後すぐの練習日に、リーダーからチームの目標が発表された。それはカバーダンスのイベントに出演すること。僕らが目指したイベントはさまざまなカバーダンスチームがK-POPアイドルの振付はもちろん、衣装や髪型までカバーしてなりきる。まさにアイドルの疑似体験ができる、そんなイベントだった。

昨今はSNSの多様化によりカバーダンスをしたり、アイドルのメイクを真似した動画をアップする人も増え、オンラインで交流できる環境になったが、僕がカバーダンスを始めた2010年頃はまだSNSよりも、オフラインイベントでの交流が盛んだった。毎週のように都内のクラブやライブハウスで多彩なコンセプトのイベントが開催され、カバーダンスチームもそういったところで活動する機会が多かった。ただ、リーダーから発表された僕らの目標となるイベントは、カバーダンス界隈では皆が目指す舞台だった。いきなりそんな舞台を目指そうなんて言うもんだから、嬉しさと心配が混ざった驚きがありながらも、挑戦してみたい、やり遂げて見せるという覚悟が芽生えていた。

それからというもの、本当に毎週末都内に行っては朝まで練習し、始発に乗って群馬に帰りそのまま学校に登校する生活が始まった。時にはスタジオ代がもったいないとガラス張りのビルの前で練習をしたりもした。応募数が多ければイベント出演ができない可能性もあったため必死だったが、ほとんどがダンス未経験のメンバーということもあり、動画を見て振付を起こしそれを合わせていく作業に時間がかかった。

そんな中でも僕自身が一番、意識していた点がある。それは、ただ踊るのではなく、アイドル本人になりきるということだった。気持ちの面でもそうだけど、ダンス未経験というコンプレックスを隠すために、本人のダンスの癖や表情を何百回と動画を見ながら真似した。ダンスを習っている人なら、アイドルが踊っている振付がどんなステップでどんなニュアンスなのかを理解した上で、自分流に踊ることができるだろう。でも僕はステップもニュアンスも分からないから、全てが真似でしかなく、そうすること以外の正解を見つけることができなかった。

数ヶ月の練習の後、応募動画を撮影した。衣装もアイドル本人が着ていたステージ衣装を真似して、メンバーの知り合いの方に作ってもらった。応募の結果は無事合格。この舞台が僕にとって人生初めてのステージとなった。当日は本当にたくさんのチームが参加していて、誰もが知っているアイドルをカバーするチームもいれば、デビューしたての新人アイドルをカバーするチーム、アルバムの表題曲ではない収録曲をカバーするチームなど、どのチームも個性豊かだった。

僕たちを含むダンス未経験の人たちも、明らかにダンスを仕事にしているだろう人たちも、自分たちなりにアイドル本人になりきり、自分を表現していた。その目的は皆それぞれだっただろうが、ステージを見ていると、心から楽しむ気持ちと誰かになりきる覚悟のようなものが僕には感じられた。その日以来、僕はカバーダンスという世界にさらにどっぷり浸かっていった。

今思い返せば、それはただの趣味としてでなく、アイドルになるための基礎練（ダンスや表情）でもあったし、ステージに立つ者としての心構えを学ぶ場でもあった気がする。単に真似をするというよりも、真似の先にある自分を見つけるための方法として、僕は「真似のプロ」になろうと決めた。よくよく考えてみれば、ダンス教室に通ったとしても先生が教えてくれるステップを真似することから始まるわけだし、新入社員であればマニュアル通りに仕事をこなす先輩の真似から始まるはずだ。僕はそれがアイドル本人だったわけで、ステージで輝く人の真似をするほうがダンスを一から学ぶより手っ取り早いと考えたのだ。

実際のところは基礎からちゃんと学ぶことをお勧めするものの、必ずしも基礎から始める必要はないと僕は思う。僕が真面目にアイドルを真似することは、周りから見れば馬鹿馬鹿しいことだったかもしれないが、本気で真似をすることで僕なりのオリジナルな答えを発見できるようになっていったことは紛れもない事実だし、その後の僕の人生においても大きな影響があったことは確かだ。

「真似のプロ」になるということは自分という存在を見つけ出すためには必須科目のようなもので、そこをすっ飛ばした先に待っているのは虚無的な自分だけだろう。真似をすることが悪いという認識よりも、真似から入らないことのほうがその世界にいる人に対してよっぽど失礼だということを再認識する必要があるし、上手くできる・できないとか、カッコいい・カッコ悪いとかの次元よりも前に「真似のプロ」になるというステップが抜けていないかをその都度、確認する必要があるということを僕はカバーダンスを通して学んだ。

嘘つき高校生

毎週のように友達の家に泊まると嘘をつき、東京に通う生活が1年ほど続いた。なぜ親に嘘をついていたのかというと、中学生の頃、何気なしにテレビを見ている親に芸能人になりたいと言った時、親の反応が肯定的ではなかったからだ。自分のやっていることが芸能人になるための直接的理由にならないことは分かっていたから、もし否定されたら自分にとって深いダメージになることが予想できたし、自分の夢を否定されたくない気持ちも大きかった。

平日は学校とアルバイト先を行き来し、週末は東京へ通う生活の中で、自分の夢や目標が徐々に彩度を上げ鮮やかになっていく、と同時に否定されたらどうしようと言う不安も彩度を落としどんどん色濃くなっていった。時期的にも卒業後の進路を学校や親と相談するタイミングが迫っている状況で、僕の気持ちはぐちゃぐちゃになり、毎日動悸がしていた。追い討ちをかけるように、周りの友達はどんどん進路が決まっていき、取り残されているように感じる日々。僕の通っていた高校は農業高校だったため、卒業後は専門職に就くか、農業大学に進学する場合がほとんどだったし、僕のような進路を目指す生徒は他にいなかった。


本当はダンスをちゃんと習ってみたい。

歌にも挑戦してみたい。


逃げたくなる日常を過ごしながらも、どんどん大きくなる気持ちに嘘はつけなくなっていた。もう嘘はつきたくない。そう思った時に、自分自身で自分の夢を否定していたことに気付いた。自分の気持ちに嘘をついて、本当の気持ちを否定し現実から逃げていたんだと。この先どうなるか分からないから挑戦しないのではなく、今の気持ちがこの先どうなるのかを決めるのだと気付いた僕は、親に対して本当の気持ちを打ち明けることにした。

ある日の夕食後、話があると伝え居間に集まってもらった。

「歌手になりたい」

単刀直入な言葉にした。続けて、なんでそう思ったのか、嘘をついて東京に通っていたこと、嘘をついた理由を話した。覚悟の隙間から顔を出す不安が僕の声を震えさせたのを覚えている。親の顔はあまり見れなかった。少しの沈黙の後、母からはこう言った。

「正直に言ってくれてありがとう」

僕が想像していなかった言葉に驚いたが、すぐに現実的な話に変わった。経済的な支援はできない、浪人して自分でお金を貯めて専門学校に行くなりしてほしい、夢は応援する、といった内容だった。幼い頃から裕福ではなかったから、経済的な支援はしてもらえないだろうという予想はどこかでしていた。でも直接言葉で聞くとものすごい現実味があって、予想以上にダメージがあった。

その後も1時間ほど、カバーダンスチームの活動の話や夢の話をしたけれど、結局その日は今後どうしていくべきかという答えは出せなかった。ただ僕の中で明確に見えたことはある。それは絶対にアイドルになるという覚悟だった。目の前の状況に文句を言う自分もいるけれど、同時に自分の進みたい道を歩む姿を想像し、ワクワクしている自分がいる。これが僕の中での答えだった。誰かに否定されようが関係ないと思えたし、そんな人たちを見返してやるとまで思えるようになった。

僕は、周りにも自分にも嘘をついてきた高校生の僕とここでお別れした。

7 sky

高校生活も残りわずかとなった頃、僕は進路未定のままだった。結局のところ進路をどうするか決めることができず、なんとなく東京に出てみようと思っていた。卒業までの期間は自由登校という形で学校に行かなくてもいいので、僕はカバーダンスチームのメンバーの家に泊まり込みで住まわせてもらった。いわゆる、居候ってやつだ。以前からほぼ毎週のようにお世話になっていたので、少し家にいる時間が増えた感じだった。嫌な顔ひとつせず快く受け入れてくれたお母さんと妹さんには本当に感謝しきれない。

半分居候状態でダンスに明け暮れる日々を過ごしていた頃、メンバーから地下アイドルをやらないかと誘われた。メンバー自身が知り合いから誘われていたようで、一緒にやりたいとのことだった。少しの迷いがありながら、とりあえず練習に参加してみることにした。代々木駅のレンタルスタジオでの深夜練で、僕自身、地下アイドルという存在は知っていたが、実際にどういった仕組みなのかとか芸能界で活躍する人との違いだとかはよく分かっていなかったから、どんなものかと視察をするつもりで参加した。その場で答えを出すつもりは全くなく、どちらかといえばやらないほうに傾いていた。ただ、当時進路が決まっていなかった僕は何を思ったのか、その場のノリでやると言ってしまったのだ。こういう言い方をすると、間違った選択をしたように聞こえるだろうが、結果的にその通りだったのである。

無事に高校を卒業し、本格的にメンバーの家にお世話になることとなった。一応、僕の母にもお世話になる旨を伝え荷物をまとめていると、母から相手方の親御さんに渡しなさいと封筒を手渡された。中にはメンバーのお母さんへの手紙と謝礼金が少し、そして僕宛ての手紙も入っていた。昔からことあるごとに手紙を書いて気持ちを伝えてきた母らしい文面で、温かくそっと背中を押してくれる内容だった。家を出る日は最寄りの駅まで見送ってくれたが、後々聞いた話によると、僕を見送った後に号泣したらしい。

そんなことはさておき話を戻すと、深夜練から数日後、都内のサイゼリアでマネージャーだという中年小太りの女性に会った。しわくちゃで黄ばんでいるのか元々の色なのか判断しづらい色のシャツを着て登場し、明らかにお風呂に入っていない身なりだった。別にその人をルッキズム的に判断しているわけではない。これから頑張っていこうと意気込んでいる自分のグループのマネージャーなる人が、身なりの整っていない状態で現れたら誰しもこの会社は大丈夫なのかと疑ってしまうだろう。

ツッコミどころ満載のまま、食事を注文しグループについての話になった。グループ名が気になり聞いてみると「7sky」だという。7つの空。すごく素敵なネーミングだと思いながらも疑問が残る。7という数字はどこからきたのか。メンバー数なのか。だとすると僕が会ったメンバーは5人、僕含めてもメンバーは6人のはずだ。どんどん頭の中に疑問符が増えていくのをよそに、マネジャーはドリアをつついている。僕は理由を聞くのをやめた。

それから少し経った頃、オリジナル曲のレコーディングをメンバーの家で行うことになった。勝手なイメージで、事務所所属の歌手はレコーディングスタジオで収録するものだと思っていたから少し驚いたが、活動資金が少ない、もしくは資金を使おうとしない会社はどこもこんな感じであると活動してみて分かった。僕らの会社が前者だったのか後者だったのかは未だに謎だが、僕の気持ちとしては前者だと願いたい。

活動資金が多くなかった僕たちは、曲はメンバーの自作、振付もリーダーが行い、イベントのフライヤーなどに使うアーティスト写真はマネージャーが私物のカメラで撮ってくれた。全てが初めてのことだらけで何が正しいのか分からない僕は、夢だったアイドル活動ができるのならと、疑問を頭の引き出しにしまって活動した。

無事にお披露目のステージを終え、オフ会やファンイベントの開催などをしながらそれなりにアイドルとして楽しんでいたが、もちろんアイドル活動だけで生活できるわけもなく、日雇いのバイト派遣に登録し練習やスケジュールがない日はそこでバイトをしていた。派遣ではないバイトもやろうと思えばできたが、バイトのシフトのせいで練習やアイドル活動に支障が出るのが嫌だった。それに日雇い派遣のいいところは週ごとに給料がもらえるところで、貯蓄0だった身としては本当に助かっていた。現場はさまざまで、オフィスや一般住宅の引っ越し、工場でひたすら商品を検品し段ボールに詰める仕事、町工場の雑用などもした。

ある平日、いつものように給料をもらいに派遣バイトの事務所へ行き、待合室で支払われるのを待っていると、面談室から見覚えのある一人の女性が出てきた。しわくちゃのシャツで特徴的な声、手には給料袋を持っていた。僕は反射的に顔を下げその人が通り過ぎるのを待った。その女性は帰るかと思いきや出口付近でスタッフさんと雑談をしている。今、目の前で起こっている状況を必死で理解しようとしている時に、僕の名前が事務所に響いた。僕は出口のほうに背中を向けたまま一直線に面談室に向かった。

無事に給料をもらい面談室を出ようとしたが、外からはさっきの女性の声が聞こえる。まだ雑談中のようだった。お願いだから違ってくれ、そう願いながら扉を開ける。なぜか僕が悪いことをしているかのような気分になりながら、気付かれないように事務所を後にした。僕が見た女性が誰だったかはあえて言わないが、確かに僕の知っている女性だった。

僕がバイトをしている事実が悪いことでもないしバレてはいけないことでもないけれど、その女性が僕の知っている女性だと確信してしまったら、今一生懸命になってやっているアイドル活動が何のためにやっているのか分からなくなりそうで怖かった。どんな事情があったのか知る由もないが、社員の給料も払えない会社で、僕のアイドルとしての未来を思い描けると思えなかった。実際にその後すぐグループ活動はストップし、半年足らずの活動は終わりを迎えた。

選択

高校を卒業した年の梅雨、知り合いから連絡があった。カバーダンスのイベントに出る期間限定のチームを作りたいとのことだった。なぜ僕なのかと聞くと、僕が活動する姿を見て注目してくれていたらしい。その頃の僕といえば、活動中だったアイドル活動がストップし、ダンスを踊る環境がなくなっていた。だから嬉しさのあまりすぐに承諾のメッセージを送り、グループＬＩＮＥに招待されたので入ってみると、僕と誘いの連絡をくれた知人の他に4人がいた。一人はカバーダンスのイベントで見たことのあった人で、もう一人は初めましての人、そして残りの二人はなんと7ｓｋｙのメンバーだった。みんな踊る場所が恋しかったのだろう。驚きもありながらも心強かった。

「ガラガラ蛇」という名のグループで出演したイベントは成功に終わり、その日限りのステージであったこともあるだろうが、僕らだけで１００人以上のファンが見に来てくれた。カバーダンスのイベントで1グループを見に来る人が１００人を超えることは当時珍しく、イベント主催側からも感謝されたのを覚えている。正直僕ら自身もここまで人が来るとは想像しておらず、驚きと同時に希望の光のようなものを感じていたので、イベント直後にはこのグループをこのまま継続してやっていくかどうかの話し合いが始まっていた。と言っても、ほぼ全員がグループを続けることには賛成で、カバーダンスチームとしてやっていくのか、それともダンス&ボーカルグループとして自分たちの曲で活動していくのかの話し合いだった。メンバー全員の夢がある程度同じ方向性だったこともあり、心のどこかでカバーダンスチームとして終わらせるのはもったいないという考えがあったのだろう。

しかし、ここで一つの問題が浮き彫りになった。ダンス&ボーカルグループとして活動するということは歌って踊る必要があるが、歌唱力のあるメンバーがいなかったのだ。だいぶ致命的な問題だった。すぐさま僕らに召集をかけたメンバー（後のリーダー）が数ある連絡先の中から一人の男の子を見つけ出した。アメリカにも音楽留学の経験がある実力派だという。結果的に新メンバーという形でその子を迎え入れ、完全セルフプロデュースの7人組ダンス&ボーカルグループ活動が始動する。

活動が決まってからは展開が早かった。まず活動拠点として事務所兼、共同で住む宿舎の確保から始まり、そこを拠点に住み込みで活動した。Mスタと呼ばれる事務所兼宿舎は、1DKの決して広いとは言えない部屋だったが、リビング部分を事務所として使い、もう一部屋に2段ベットを置いて寝室として活用した。当然7人全員で住むには狭すぎる環境だったために、都内近郊に実家があるメンバーは実家から通い、僕を含む実家が遠いメンバーが雑魚寝をして生活した。駆け出しのバンドマンのような生活は今考えると青春そのものだったといえる。

メンバーの役回りは、リーダーが資金の確保や仕事のブッキング、広報等の全体的なディレクターとして、ボーカル・ラップメンバーは曲作り等の音楽面全般を、ダンサーポジションのメンバーが振付等を担当した。僕はというと、オタクの経験を活かしてグッズやCDのデザイン等を担当した。リーダーは動画の編集もできる人だったので、切磋琢磨するメンバーの姿やメンバー同士のわちゃわちゃをそのままYouTubeに流したり、活動開始から1年ほどはカバーダンスメインではあったが、アンダーグラウンドで活躍するラッパー・歌手が出演するイベントや野外イベントにも出演した。それはジャンルレスに幅広いファン層を獲得するための戦略だった。

そして試行錯誤しながら徐々に大きくなっていくファンダムをさらに大きくするため、自分たちの本当の目標であったオリジナル曲のCD発売を結成1年後にしてようやく果たすことになる。自主制作のCDではあったけれど、青山にあるテレビのCMなども行う有名なスタジオでプロのカメラマンさんにジャケット写真の撮影を撮影してもらった。パシャパシャと光るフラッシュが僕に向いているんだと感じた時は、少し芸能人に近付けた気がして嬉しかったのを覚えている。

そして完成したCDはライブ活動をしながら2000枚手売りで完売させた。昔「ASAYAN」という番組でモーニング娘。がデビューのために手売りで5万枚を完売させたのを考えると足元にも及ばないが、それでも少しづつ着実に芸能界への階段を登れているようで、早くデビューという出口の外を見たくなった。その頃には自分がK-POPアイドルになりたいという想いは薄れていて、それよりもこのグループの可能性に賭ける想いのほうが強くなっていた。

それからも2ndシングルの制作やワンマンライブの開催など半年ほどは全力疾走していたのだが、目まぐるしい活動の中で徐々にメンバー間に方向性の差が出てきていた。完全セルフプロデュースなだけあって、メンバーのグループに対する熱量の差や目標の不一致はグループ生命に関わることだった。練習での態度やスケジュール管理のミスが目立つメンバーが出始め、チームとしても一旦ストップする必要があるのではないかという話が持ち上がった。僕自身も20歳を目前に自分の人生の方向性について悩む時間が増え、20歳までにやりたい事に挑戦しないと、その後の人生で挑戦する機会は二度と訪れない、人生を変えることはできないと思うようになった。「20歳」という近代社会における一つの大きな節目が僕に不安と焦りを与え、良くも悪くも僕を動かした。

人生最後の挑戦をしたい。

僕は本気でそう思った。10代の若者が20代という茨の道に足を踏み入れなければならないこの時期は、誰しもが僕と似たような不安や悩みを抱えているはずだし抱えていたはずだ。実際のところ、その時期の選択が人生の最終決定になることはほぼないけれど、その選択によって経験し感じたことは人生においてとてつもない影響力を持つことは確かである。だからたくさん悩むべきだし、悩むからこそ自分を信じ、自分に託すことができるようになると思う。

当時の僕も悩んだ結果、最終的にグループの脱退を選択し、日本を出ることにした。韓国に渡り、夢だったK－POPアイドルになりたい。なれなくとも挑戦してから諦めたい。そう心から思えるほど自分を信じたいと願っていたのかもしれない。

一番近い人の説得

2015年の夏、僕は家族に集まってもらった。僕がこれから挑戦することを打ち明けるためだった。それまでも東京でダンス&ボーカルグループの活動をしていたことは家族全員知っていたし、応援もしてくれていたから、僕がこれから挑戦しようとしていることも当然理解してくれると思っていた。でも海外に夢を追いかけに行きたいと僕が言いだすなど、誰も想像していなかっただろう。

正直、経済面に余裕があったら僕は何も言わずに海外に渡って事後報告程度に済ましていたはずだ。そのくらい早く行動しなければという少しの焦りとワクワクが僕にはあったし、なんとかなるという謎の自信も相まって僕の心は無敵状態だった。ただ、海外に渡るとなると、それなりにお金が必要になる。ましてやアイドルの練習生になればお金を稼ぐこともままならないことは分かっていたので、経済的な面で支援をしてほしいとお願いする必要があった。もちろん最初は、全て自分でどうにかするつもりでいたし、したいと思っていたが、アルバイトを掛け持ちして一日16時間働いても家賃やその他の支払いでそこまで残ることはなく、渡韓後最初の3ヶ月ほどの生活費しか貯めることはできなかった。

家族に打ち明ける当日は、地元のパスタ屋さんに集合しご飯を食べた。一通り食べ終わり、食後のドリンクを待ちながら僕は打ち明けた。

「韓国に行ってアイドルになりたい」

反応は相変わらずあっさり風味だった。今考えてみたらあっさりすぎた。うちの家族はコテコテな性格の割に反応があっさりだ。へぇとか、すごいとか、そんな返事を待っていたのに、第一声は「お金はどうするの？」だった。母だけは唯一お金以外の言葉が返ってきたが、それも反対の意見だった。

海外に行くということで心配もあったのだろう。まず家族全員日本から出たこともないから、韓国という国についての説明から入り、韓国の芸能界のシステムやお金のやりくりについて、最後に金銭面での援助のお願いをした。結局その日に韓国へ行くことの賛成意見を聞くことは叶わず、後日、改めて親や姉にそれぞれ夢への気持ちと援助のお願いを数回に分けてしたのを覚えている。

いずれにしても僕は飛行機のチケットを取っていたので、ちゃんとした答えを聞けずとも韓国に渡るつもりでいた。それは僕の中での答えは出ていたからで、金銭的な部分で大変な思いをしても後悔はしないと思っていたからだ。その覚悟が伝わったのか、最終的には家族全員からの承諾を得ることができ、月に2万から3万円程度だったけれど、家賃を支払うお金の確保ができただけでも心からありがたかった。この経験だけではないが、僕は自分の中に覚悟と成し遂げたいと想う気持ちがあれば何事も前進すると学んだ。

僕がデビューしてから、よくこんな相談のメッセージをもらう。

「夢があるのですが、親に反対されていて諦めるか迷っています」

「挑戦してみたいことがあるのですが勇気が出ません。どうしたらいいですか」

僕も経験したように周囲から反対をされて自分のやりたいことに挑戦できなかったり、夢を諦めたりしたことのある人がたくさんいるみたいだ。家庭環境や家門を守るため、身体的な問題など理由は人それぞれだが、ほとんどの人が周囲の圧力によって身動きを取れなくなっているようだった。

僕も学生の頃から習い事はさせてもらえなかったし、夢への金銭的な投資はほぼ自分でなんとかしてきた一方で、わりと何でもさせてもらえてきたほうなので、親の完璧なレールに乗っかり将来設計が決まっている環境の苦しさを完全に理解することはできないかもしれない。それでも夢への想いはみんな同じで、周囲の反対意見を聞くごとに自分の味方はいないのではないかと思い、苦しくなったり諦めたくなったりする気持ちは分かる。

だからこそ伝えたいのは、自分という人間を誰かに納得させることが夢を叶えるための第一歩だということ。そして夢を叶えるのは、一番身近にいる人を納得させるより数倍も数十倍も大変だということだ。僕は僕という人間を通して表現しそれを伝えていくという少し特殊な仕事だけど、例えば会社に勤めるためには、その会社の人たちに自分の能力や可能性を以て入社させてほしいと説得し納得させることで入社が決まるし、本の作家になるためには自分の書く文章で出版社や読者を納得させる必要があるだろう。

ここで「運も必要だ」とか言い出す人もいるけれど、僕はこの努力なしに運はやってこないと思っている。逆に言えば、運どうこう言ってる人はこれすらやっていないと思ってしまう。納得してくれる人が増えれば増えるほど、自分だけが感じていた小さな可能性が次第に大きくなり、やがては大きな夢の実現へとつながっていく。誰にでもその可能性は眠っていて、大きくするかしないかは自分次第なのだ。そしてその第一歩として、一番身近にいる人を説得することは夢を叶えるための練習であるということを知ってほしい。

夢がある人は今の自分が誰かを納得させられるほどの努力をしているか、夢や目標が分からない人は、自分自身が自信を持って人を納得させられることを探す努力をしているか、改めて考えてみるのはどうだろうか。

覚悟

お金がない。これは僕の家での合言葉だった。

母は事あるごとにお金がないと言い、その言葉が「この話は終わり」と区切りをつける句点のような役割だった。子どもは親が発する言葉に敏感だから、その言葉を聞くとそれ以上話を進めることはできなかった。

お金が全てではない。これは自己啓発本などで度々登場する言葉だ。

お金が全てではないという考えは人間本来の姿として正しいと思っている。ただ、今僕らが生きているこの世界はお金がなければできないことがほとんどで、お金の支配下にいると感じるのも間違った感覚ではないと思う。どちらも言っていることは間違いではないし主張の視点が違うだけだけれども、人は誰しも覚悟ができるとお金なんてどうでもよくなる。だから結局はお金自体が僕らを支配しているのではなくて、それを作りだす社会が僕らを支配していることに気付き、自分とお金との距離感をうまく保つ人が幸せに夢を叶えていく。

このことに気付けるようになるまで時間はかかったが、今思えば母からの「お金がないマインドコントロール」に引きずられ気持ちまでも貧乏になっていたことで、自分なんて…と自己否定の奴隷にもなっていたのだろう。結局は、お金が理由で不幸だとか何もできないとかそんなことはなくて「人生をかけた覚悟」ができるかできないかで人生は良くも悪くも変わっていくと僕は思っている。


実際に僕が東京で活動をしていた時期は、完全セルフプロデュースであったため活動が忙しくなり、仕事が増えれば、当然内部での仕事（会社でいう経理や企画など）も増えた。でも手取りでもらえるお金はさほど多くなく、アルバイトをしないと生活はできない状況だった。活動をメインで考えるとアルバイトをできる時間は不規則で月に3、4万円ほどの収入にしかならず、携帯代を支払うことができずに携帯も止まり、連絡はファストフード店のWi－Fiを使っていたこともあるし、それほどに余裕はなかった。

食事を摂る回数も必然的に少なくなり、ある時、新宿のアルタ前で貧血になったことがあった。新宿のど真ん中だから人通りも多かったけれど、シャッターの閉まったアルタの前で倒れる僕に誰も声を掛けてはくれなかった。自分の努力と現実があまりにも遠く離れていて、いくら頑張っても近付くことができない状況も重なって限界を超えたのだろう、涙があふれた。自分がもし有名な歌手だったら声を掛けてくれただろうか、もし僕が総理大臣ならすぐに誰かが助けてくれただろうか。もしもしもし…。頭の中を巡る「もし」が自分は何者でもないのだと教えてくれた。

でも同時に、僕の中に芽生えた気持ちもあった。それは「何者」になるという覚悟だった。必ずＢＩＧになって、今目の前を通り過ぎる人たちよりも幸せになるんだ、そして見返してやろうと自分自身に誓った。見返すも何も、その人たちからは何もされてはいない。だからこそ悔しかった。その人たちの視界にすら入っていない僕という存在の価値を、僕自身で作っていかなければならないと思ったのだ。

Chapter 2
刹那、だから軌跡

華麗なるオーディション

2015年12月29日、キャリーケースを片手に僕は韓国へ渡った。到着した時、ソウルは雨が降っていてずぶ濡れになった記憶がある。韓国にはコシウォンと呼ばれる下宿所があって、最初の月の家賃を前払いすれば誰でもその場で部屋を貸してくれた。主に地方の受験生や外国人が住んでいて、2畳ほどの部屋と共同のスペースがあった。場所にもよるが、僕が住んでいたところはトイレとシャワー、洗濯機は共有だった。

韓国語も「안녕하세요（アンニョンハセヨ＝こんにちは）」と「감사합니다（カムサハムニダ＝ありがとうございます）」しか分からない状態で渡った僕は、コシウォンの近くにあった韓国語の塾に通うことにした。当時はまだグローバルオーディション（韓国国外で行われる公開オーディション）を開催するのは大手と呼ばれる事務所くらいで、中小規模の事務所は韓国国内で毎週、または毎月行われるオーディションに参加するか、メールで応募するのが主流だった。もちろん外国人だからと特別扱いされることもなく、韓国語が分から

ないからと丁寧に説明してくれる訳でもなかったから、聞き取れなければ順番を飛ばされるようなこともあった。だからまずは韓国語を学ぶ必要があったのだ。

2ヶ月間だけ塾に通い韓国語の基礎を勉強しながらオーディションを受ける日々。片っ端から色んな会社を受けた。同じ会社のオーディションを数回受けたこともあったし、意味の分からない地下牢みたいな会社にも行った。それでもなかなか簡単にはいかずオーディションは全て落ちた。ことごとく、呆気なく全てに落ちたのだ。

ある会社にメールを送った際、オーディションをしてくれるという返信が来た。緊張しながらも、韓国語の自己紹介と歌とダンスを準備して向かった。会社に到着すると新人開発チームの方が練習室まで案内してくれた。練習室のすぐ横にジムが付いている構造だったので、ガラス越しに誰がいるのか分かるようになっていた。多分その会社のアーティストなのだろう、バイクの器具に乗って運動している女性の姿が見えた。軽く会釈をし待っていると、担当の男性と女性が練習室に入ってきた。

緊張がどんどんＭＡＸに近づきながらも元気よく挨拶をすると、女性からは返事が返ってきたが、男性は清々しいほどの華麗なる無視だった。まあそんなもんだろうと思いながら、言われた通りにカメラに向かって挨拶をし、まずは歌を披露したのだが、男性は一瞬たりとも僕を見ることなく携帯を触っている。続けてダンスを披露しようと曲のイントロが流れたその時、男性は何も言わずに去って行った。ハリー・ポッターのスネイプ先生ばりに華麗なる去り姿だった。すぐに女性の担当の方がもう大丈夫と言うことでオーディションは終了した。結果はお察しの通りだ。

この会社だけがそうだったらよかったのだけれど、大体はこんな感じだった。でも勘違いしないでいただきたいのは決して会社が悪いとか、全ての会社がこうだったとかそういう話ではなくて、これは僕の実力不足が招いた過冷なるオーディションの話であって（フィクションであって欲しい）ノンフィクションであるということ。ちなみに、オーディション帰りの僕に追い打ちをかけるように冷たく舞う吹雪が僕の心をさらに冷却したというエピローグ付きだ。

改めて思い返すと、きっと当時の僕に魅力を感じていたらみんな僕を見ていただろう。

今、僕がその会社に行けばそんな態度は取らないはずだから。

たった一人の練習生

韓国へ来てから早くも2ヶ月が経とうとしていた頃、知り合いの方から一通の連絡があった。その方は当時まだ数人しかいなかった日本人K-POPアイドルとして韓国で活動していたレナさんという方で、僕が日本で所属していたダンス&ボーカルグループのリーダーの友人だった。レナさんが僕をK-POPアイドルの道に近づけてくれたと言っても過言ではないほど僕にとっての恩人となっていくのだが、メッセージを確認してみるとダンスを教えてほしいとのことで、レナさんの会社でダンスを教えることになった。

実を言うと、その頃ダンススタジオの借り方も分からなかった僕は、真冬の氷点下の中コシウォンの外で凍え死にそうになりながらダンスを練習してオーディションに臨んでいた。だから鏡の前でダンスをできるのが嬉しくて舞い上がった。会社は僕の家から電車で50分ほどの所にある駅で降りて、そこから歩いて15分ほど行った所にあった。ソウル市内ではあるけれど自然も感じられる街並みで、河川敷を散歩する人を横目に足早に向かった。

到着しダンスを教えていると、会社の室長（マネジメント部のトップ）と名乗る背の高い男の人が現れた。僕が何者なのかをレナさんが室長に説明をしてくれていると、突然うちの会社のオーディションを受けないかと室長が言った。その頃オーディションに落ちまくっていた僕には蜜のような話だった。ぜひお願いしますと伝えると、ダンスを見せてみろと言われた。僕は聞き間違えたのかと思い、いつですかと聞くと今だと言う。まさかその場でオーディションを行うなど思ってもみなかったので驚いたが、他社のオーディション用に準備していた曲を一曲披露した。

その後、レナさんと室長が何かを話し出したと思ったら、明日から来いと言い残して室長はスタジオを出て行った。よくよく聞くと合格だから明日から会社に来いとのことだったらしい。僕の意見はいずこへ…と思ったが日本人特有の断れない性格がそこで発揮されてしまう。断るつもりはなくても、悩む時間はほしかった。こうして僕は日本人練習生としてK－POPアイドルに少し近づくことができたのだった。

次の日、指定の時間に会社へ行くとレナさんが社内を案内してくれた。と言ってもデスクが2つある事務室とボーカル練習室、ダンス練習室、そして倉庫だけだったので2分もかからなかった。ダンス練習室に入る前にレナさんが、半年前から一人だけ練習生がいるのでその子とこれから練習をすればいいと言った。練習室に入ると、広い練習室の片隅に

置いてあるピアノを弾く一人の男の子がいた。名前はミンスだという。僕より2つ年上だった。韓国は年齢を重要視する文化があり、歳上には名前の後に敬称を付けて呼ぶ。性別によってその敬称も変わるのだが、男が年上の男を呼ぶ時は형（ヒョン）をつける。要するにミンスヒョンと呼ぶ必要があるのだ。もちろん初対面の人には씨や님といった日本語でいう「さん」にあたる敬称を付けるのが一般的ではあるが、ヒョンをつける方が相手との距離感が近い感覚があるので僕はミンスヒョンと呼ぶことにした。この日から僕とたった一人の練習生仲間であるミンスヒョンとの二人三脚練習生生活が始まった。

みなさんは「練習生」と聞くとどんな生活を想像されるだろうか。たくさんの練習生と共に、毎日びっしり詰まったレッスンに明け暮れ、毎月行われる月末評価を受けてクビになる可能性もある、そんなサバイバルな環境を想像される方が多いのではないかと思う。リアリティ番組などを見ても、汗や涙を流し苦しみながら一生懸命に努力する練習生の姿を見ることができる。でもそれは大手事務所もしくは資本金がある程度確保できている会社でのみ見ることができる光景なのだ。

僕が入った会社を含む小規模な会社は、資本金の確保がままならずちゃんとしたレッスンなどがないところも多い。韓国のエンターテインメント業界も日本と同様で、そういった会社が大部分を占めているのが現状だ。特に僕の会社はボーイズグループを作る予定もなかったので、毎日自分たちでメニューを組んで練習していた。ミンスヒョンは今の会社に入る前、日本でも有名な歌手が所属する会社でバンドチームの練習生をしていたので歌が得意だった。僕は歌なんて友達とカラオケで楽しむ程度の実力しかなかったし、日本で活動していた時もパフォーマーポジションだったので、ほぼ歌う機会はなかった。だから僕はミンスヒョンから歌と韓国語を教えてもらい、代わりに僕がミンスヒョンにダンスを教えた。

毎日会社に出勤すると、まずは壁に貼られているハングルの発音表を口に鉛筆を喰わえて読むことから始まった。ミンスヒョンにチェックしてもらいながら一つ一つ丁寧に読み上げていくのだが、発声の練習にもなると言ってお腹の底から大声で読んでいたら、会社のスタッフさんにうるさいと怒られたこともあった。今考えてみたらすごい矛盾である。韓国語を早く上手くなりなさいと言っておきながら、上手くなるための練習をうるさいと言うのだから。その場ではすみません気を付けますと言いはしたけど、大人の矛盾に歯向かえる最大の抵抗として、もっと大きい声で叫んでやった。

発声の練習を終えた後は歌の練習へと続く。基本的には韓国語のバラードや歌謡曲を中心に、歌の基礎を教わった。特に日本語の発声と韓国語の発声は基が違うので、韓国語の曲を歌うとなるとそのロジックの理解から始める必要があった。

少し話は変わるが、ミンスヒョンはもちろん日本語ができず、僕の韓国語もまだ1歳児ほどの実力しかなかったので、僕たち二人のコミュニケーションの取り方は半分ボディーランゲージで、後はゆっくりと喋ってもらいながら僕が必死に聞き取る方式だった。韓国の文化や会社での礼儀も直接ミンスヒョンが見せてくれることで、僕はそれを真似しながら学ぶことができた。毎日僕の拙い韓国語を理解し韓国語や歌、そして韓国社会での基礎的な礼儀を教えるのは相当な負担やストレスがあったことだろう。それでも常に優しく教えてくれた優しさに今改めて感謝したいと思う。

話を戻すと、歌の練習を終えた後、今度はダンスの練習をした。ミンスヒョンはダンスの経験が皆無に等しかったため、基礎的な練習から始めた。アイソレーションやストレッチから入り、アイドルの曲を練習し動画に収める。こうしてお互いの得意なことを相手の不得意の克服のために使い、僕たちなりに一生懸命努力した。

正直な話をすると会社に対して不満もあった。それはそうだ。僕を含む各会社の練習生たちは「練習生契約」という契約書を交わすことが多い。でもそれは会社が練習生を育成するために自社のレッスンを受けさせた後、他社に引き抜かれるのを防ぐためであって、会社から何のサポートも受けていない僕は、契約書のせいで他の会社のオーディションすら受けられない、鳥籠の中に閉じ込められた鳥状態だった。それは不満がないほうがおかしいだろう。最初にちゃんと確認をしていなかった僕が悪いといえばそうなるが、韓国語もままならない外国人が、練習生契約というシステムも知らず、契約の内容に問題がないかを判断をしろというのは、小学校一年生が大学の入試について考えるようなものだ。

でも契約してしまったものはしょうがない。どうすればこの状況を前向きに捉えられるだろうと悩んだ末に、今ある環境の中で自分にできることを精一杯やることにした。そう思えたのは、毎日が新しい発見であふれていたからだろう。韓国語も分かるようになってきて会話ができる喜びを感じ、韓国と日本の文化の違いに驚き、歌って踊れる環境があることへの有り難みを感じる日々が、この状況でもやってみようと思わせてくれた。

その後も半年ほどはミンスヒョンと二人で毎日練習に励んだ。途中、ダンスも歌も未経験で全く芸能界に興味のない投資家の息子が入ってきたけど、1ヶ月もしないで来なくなったし、レナさんのグループの新メンバーだという人と一緒に練習した時期もあったけど、その方もすぐに来なくなった。皆すぐに辞めていく現状に、僕もその頃になると今いる会社が普通ではないことに少々勘付いてはいて、今後どうするべきか真剣に悩み始めていた。ミンスヒョンも同じような悩みがあったのだろう、その頃から会社を休みがちになっていき、やがては来なくなった。こうして僕はたった一人の練習生となった。

そんな時に突然、会社の練習室に入れなくなった。

突然なくなった練習室

秋が終わりかけていたある日、いつものように出勤しようと会社に向かう。会社はとある建物の地下にあったので階段で降りる必要があったが、シャッターが下りていて入れない。何があったのか状況を理解できず室長に電話をした。室長は代表に確認するから待っていてと言い、一度通話を終えた。すぐに折り返しの電話が掛かってきたので出てみると、思いも寄らない一言が待っていた。会社が差し押さえられたらしいとのことだった。

状況が掴めないまま僕も直接会社の代表に連絡し状況を説明してほしいと頼んだが、濁した返事しか返ってこない。僕は2畳ほどのコシウォンに住んでいたので、冬服や普段使わないかさばる物は会社の倉庫に置かせてもらっていた。室長やレナさんも同様に練習着や練習靴、その他私物を更衣室に置いていたので僕らはパニックになった。突然こんな事態になるということに衝撃を受けたが、それよりもなぜそこまで会社の経営が悪化していたのか、荷物はどうなるのか、教えてもらえない状況に不信感と怒りの感情が大きくなっていった。

冷静になってみると、そんなことよりももっと急を要することが発覚する。それは冬服をどうするのか、会社の倉庫にある冬服なしにどうやって過ごすのかということだった。その時期は金銭的にちゃんとした食事を摂る余裕がなく、コシウォンに置いてある自由に食べていいキムチとご飯を食べて生活していたので、安くても2万円はするダウンジャケットなんて買えるはずもなかった。そんな僕を置いていくかのように、どんどん季節は冬に近づいていく。

日が暮れれば吐息が白くなるくらい気温が下がっていて、早急にどうにかしないと外出すらできない危機的状況であり、真冬のソウルで凍死するのは避けたかった僕はレナさんに相談した。するとレナさんが着ていない服を分けてくれることになり、早速次の日には袋一杯の洋服をもらうことができた。袋の中身を確認してみると、トレーナーや軽く羽織れるアウターなどが数着と帽子や小物も少し入っていたのだが、レディースの服であるために腕を伸ばすと七分丈サイズになる。着れない物は捨てていいと言われたけれど、今この状況で天からの恵のような冬服を捨てるなんてバチが当たると思い、ありがたく着た。

それから一週間ほど経っただろうか。これといった状況説明も今後についての共有もないので代表に連絡を入れ、倉庫にあった荷物は返ってくるのか、会社はどうなるのか説明を求めたら、直接会って話そうと住所が送られてきた。ビルは江南駅の繁華街の中にあり、一階にコンビニがある建物の最上階だった。中に入るとレコーディングブースと他に数部屋あって鏡のあるダンス練習室のような部屋もあった。

この時点で何となく代表が話したい内容は分かったが、僕はとりあえず荷物を返してほしいと伝えた。すると荷物はどうにかするから少し待ってほしいとだけ言われ、返って来るのか来ないのかの言及はなかったので、今すぐに厚手の服が必要だと僕が言うとダウンジャケットを準備してくれるとだけ言われた。続けて代表からは事務所をこの場所に移すこと、社名を変更することが発表され、その日は終わったのだった。

読者の方が大人なら、この状況がどんな状況かすぐに理解できるだろう。あえてこの場では言わないが、その時の僕は新しい社名に僕の好きな「星」というワードが入っていることをただ喜んでいた記憶がある。この状況がどんな状況なのかその時ちゃんと理解していたら、僕の未来は違うものになっていたのではないかと思う時もあるが、この先に待っている僕の人生を考えるとこれはこれでいい経験だったと言える。そして今現在も帰って来ていない僕の荷物が僕の元を離れ身軽になったことで、この後、素晴らしいプレゼントが舞い込んでくることを考えるとそれもそれでよかったのだと思うことができる。

クリスマスプレゼント

韓国に渡って一年が経とうとしていた。親に仕送りをしてもらうようになってからも半年以上が経ち、電話でいつまで韓国にいるつもりなのか聞かれることが増えた。実際、会社が今後どうなっていくのかも不透明でこのまま韓国にいてもデビューできるのか分からなかったから、僕自身日本に帰るべきなのか悩むことも多くなっていた。悩んだ末、帰国することになったとしても悔いが残らないように、最後に3ヶ月だけ全力で頑張ってみよう、やり切った状態で帰ろうと決めた。

気持ちの整理がつき少し吹っ切れたからなのか、練習も楽しみながらできるようになり、どうせ帰るなら韓国語を少しでも上達させたいと勉強にもより一層力を入れていた頃、友人から一通の連絡が入った。それは韓国の放送局でオーディション番組が放送されるので練習生を探しているらしいとのことだった。番組の内容は、韓国国内の事務所に所属している練習生101人がデビューを目指してサバイバルするといった内容で、僕が渡韓した直後にガールズ版であるシーズン1が放送されていたこともあり、韓国語を理解できないながらに楽しく視聴していた番組だった。練習生という先の見えない状況の中、同じ目標を目指して切磋琢磨する姿に共感し勇気をもらい、次にまたこの番組があったら僕も出たいと強く思ったのを覚えている。

すぐに友人からの一報に感謝を伝え、会社にも番組に出たいと言った。もちろん番組に出演するためのオーディションもあったが、シーズン1の反響も相まって、数千人の応募があったらしい。そこから番組に出演する101人を選ぶのだから、決して簡単なことではなかった。けれども直感的にこの機会を逃したら後悔すると思った僕は、とにかく出たいと会社に懇願した。

それから程なくして、番組に出るためのオーディションが決まった。僕の記憶が正しければ3次審査まであった気がする。番組のプロデューサーと放送作家10人ほどを前に歌とダンス、特技などを披露し、なぜこの番組に出たいのか、どういった歌手になりたいのかといった質疑応答もあった。このオーディションに受からなければ日本に帰ろう。その覚悟と夢に対する想いがあふれたのか、手足が震えていたのを覚えている。オーディション自体はうまくできたか僕には分からないが、やり切ったと思った。この結果がどうであれ僕は後悔がなかった。オーディションは受かった場合のみ室長宛てに連絡が来るということだったので、一度日本に帰ることにした。会社には休暇として日本に戻ると伝えていたが、番組から連絡がなければ韓国に戻るつもりはなかった。

２０１６年12月25日。

僕は日本に戻り、父の友人が経営する地元のバーでアルバイトをしていた。この日も開店の準備をオーナーと進める。クリスマス当日だからきっと混むだろうとオーナーも張り切って仕込みをしていた。開店間近になりせっせとテーブルを拭いていると僕の電話が鳴った。室長からだったので出てみると申し訳なさそうな声で「残念だけど受からなかった」と言われた。後悔はなかったけれど、内心どこかで結果を気にしていたから肩の荷が降りた感じがした。「そうですか、分かりました」と言い、続けて韓国に戻るつもりはないことを伝えようとした瞬間。

「受かったよ健太、さっきのは冗談だ」

クスクスしながら室長が言う。僕はよく分からなかった。僕が落ち込むんじゃないかと冗談を言ってくれているのかと思った。

「大丈夫です、お気遣いありがとうございます」

そう言うと、焦った声で室長が

「嘘じゃない、本当に受かったんだよ。おめでとう」

と言った。嬉しさと嘘なんじゃないかという不安が入り混じった声で、僕は何度も聞き直した。

普通と呼ばれる範囲からいつも外れた環境にあった僕は、何かに挑戦したいと思う反面、自分なんてと自らをさげすみ、怖くていつも遠回りしてきた。そんな僕が覚悟を決めて韓国に渡り1年。これがダメなら夢を諦めようと最後の挑戦に選んだオーディションに合格したのだ。こうして霧がかっていた夢への道に晴れ間が差しだしたのだった。

101席のピラミッド

日本でも放送されたサバイバルオーディション番組「PRODUCE 101」という番組をご存じだろうか。2016年に韓国の放送局Mnetで制作。シーズン1が放送された後、社会現象にまで発展し最終的にシーズン4まで続いた番組だ。韓国国外の人気も強まり、中国や日本でもオリジナル版の制作、放送がされた。日本版の合格者で構成されたグループ「JO1」や「INI」は日本国内外で絶大な人気を誇っている。

昨今は韓国でサバイバルオーディション番組のブームと言われ、最近ではトロット（韓国の演歌のようなもの）やラッパー、ダンサーやプロデューサー、終いにはフィジカルの最高を選ぶ番組まで制作され、サバイバルオーディション番組が放送されていないクールがないほど常にテレビやネットで見ることができる。番組参加者は、韓国国内外での認知度や人気を獲得できることから、従来の芸能事務所からデビューする方式よりも可能性があると出演を決める人も多い。日本でもK-POPの熱風と共にこういった番組がはやっているのを肌で感じている人も多いのではないだろうか。

元々、韓国でもこういった番組は放送されてきた。ではなぜここまでにサバイバルオーディション番組が人気になったのか。それは視聴者が直接投票できるシステムを導入したことにより、ファンがアーティストと共に同じ目標に向けて一生懸命になれることで、感情移入しやすくなったからだと思っている。このシステム自体は2000年代の日本のアイドル業界にもあって、その成功事例をもとに韓国に輸入され、結果的にK-POPと共に逆輸入という形で日本でもブームが起こった。

僕は幸運にもサバイバルオーディションブームの火付け役となった「PRODUCE 101」のシーズン2に出演することができた。番組のメインMCはアジアのスターと呼ばれるBoAさんで、ダンス、歌、ラップそれぞれの講師陣も有名な方々が参加されていた。撮影はまだ雪の残る2月下旬、ソウル郊外にある施設を貸し切って行われた。到着するとまず携帯電話などの電子機器は没収され控室に通された。そして所属事務所ごとに順番にスタジオに入って行くのだが、もちろん僕は一人での入場となった。101席の椅子がピラミッドのように並べてあり、数字が書いてある。ピラミッドのテッペンには「1」と書かれた席がキラキラと輝いていた。どの席に座るかは自由だったので、僕は「11」と書かれた席に座った。なぜなら最終合格者の数が11人だったから、最後まで残れるようにとの願いを込めたのだ。

最初のミッションは番組のメインソングとなる曲のセンターを決めるものだった。まずは練習生がそれぞれ準備してきたパフォーマンスを講師陣に披露し、A・B・C・D・Fの5段階にレベル分けされた。僕もそれなりに大きいステージに立った経験はあったけれど、100人の練習生と講師陣の前で披露し、評価されることなんて人生で初めてだったからとても緊張した。しかも番組側からの依頼で日本語の曲を準備していたので、どんな反応をされるか、罵声を浴びるんじゃないかとステージに上がるまで不安だった。

実際、僕のステージが始まると予想通り会場がざわついた。でもここでおどおどしていてもしょうがない。このステージのために全てをかけて準備してきた想いを必死になって表現した。ステージが終わると僕を待っていたのは、罵声ではなく大きな拍手だった。よかったとほっとしたのも束の間、すぐに質疑応答をされたが、正直何を聞かれたかは覚えていない。

それよりも僕はここで、あることに気付いてしまう。100人いる練習生をいくら見渡しても日本人らしき人が見当たらなかったのだ。練習生は皆、名前の書かれたゼッケンを付けていたので、日本人の名前ならすぐに分かるはずだった。それなのに「翔太」とか「裕也」とか日本人の名前が一つもない。僕は急に帰りたくなった。どんな状況でもやり遂げて見せると覚悟を決めた裏で、それまでたった一人で練習してきた僕が、韓国語もまだ30％ほどの僕が、100人の韓国人（実際は中国人も数名いた）の中でやっていけるはずがない、という不安と、日本人がいれば何かあった時に頼ることができる、という逃げ道への期待があったのだと思う。でも僕以外に日本人がいなかったことで、僕は自分で苦難を乗り越えることの大切さを学び成長することができたし、日本人の視聴者からも、たった一人の日本人を応援しようとたくさんのエールを送っていただいたことを考えると、僕一人でよかったのだなと思える。ただ一つだけ、出演が決まった時に「友達100人できるかな」なんて呑気なことを考えていたことは反省した。

レベル分けの結果、僕の評価はCだった。ちょうど中間レベルくらいのパフォーマンスだったのだろう。こうしてレベル分けされたクラスごとに、課題曲となる番組メインソングの練習が始まったのだが、二日後に中間評価があり、再度クラス分けをするという。FクラスやDクラスといった、下のクラスの練習生は自分の評価を挽回するために、AクラスやBクラスといった、上のクラスの練習生は自分のさらなる可能性を見つけるために必死になっていた。なぜならセンターに選ばれるのはAクラスの中から一人で、メインソングのMVに映る時間も必然的にA・B・C・D・Fの順で多くなるからだった。

僕を含むCクラスの練習生はちょうど「あいだ」という評価。一番微妙で曖昧な評価であると僕は思った。認められていないような気がしたから余計に火がついた。ただ必死になって歌詞を覚え歌いながら踊ってみても、初めて見る韓国語の歌詞の意味も分からないし、発音が合っているのかも分からない。どうしようもないから、みんなの真似をして練習をしていると、同じCクラスの一人が僕のところに来て、分からないことがあれば手伝いましょうかと声をかけてくれた。みんな自分の練習に必死になっている中で、外国人の僕が大変なんじゃないかと気にかけてくれたのだ。

僕はこの時、国と国の「あいだ」を越えた、心で通じる温かみを感じたのを覚えている。でもきっと僕だったら同じようにできなかったかもしれない。自分のことに必死になって、周りの子に手を差し伸べる余裕なんて当時の僕にはなかった。だから余計に心に響いた。

中間評価の結果はBだった。ランクは上がった。でも嬉しくはなかった。センターまでとは言わないがAクラスに本気で行きたかったし、その分行けなかったことがとても悔しかったのだと思う。こうして最初のミッションを皮切りに、着実にひたむきに挑戦し、最終24位という結果で番組を終えることになった。結果的に言えば脱落したことになるが、この時の僕はとても清々しかった。それは順位という結果とは別に、本当の意味の「本気」を見つけ出すことができたからだと思っている。

それまでの僕は、普通から外れた人生を歩む過程で、普通でありたいと思う気持ちが芽生え、その気持ちが大きくなるほどに、普通とは言われない職業「芸能人」への憧れも大きくなった。対照的な二つの気持ちが、自らをどっちつかずの曖昧なほうへと無意識に誘導し、曖昧な結果をもたらしてきた。普通でありたいと思うがあまり、自分を否定して何事にも「本気」になれていなかったのだ。

でも今は、必ずしも普通であることが正解ではないということが分かった。今いる世界を見渡してみれば、普通と呼ばれるのはヒエラルキーの中に存在している状態で、そこからはみ出すことが悪いことだと考える人も多い。そして僕が１０１席のピラミッドの上を目指すことが目標だったように、社会のピラミッドの上を目指すことが正解と思っている人もいる。ただ僕はミッションを進めるごとに、どんどん数字や普通に囚われ、目的が何なのか見失いかけた。そんな時に気付いたのは、今起こっている状況を楽しんでみる、楽しむことに本気になってみることだった。

そういった意味で本当の「本気」を見つけた僕は、自然と自分と向き合う時間が増え、最終的に順位とは別の曖昧でない結果を勝ち取ったのだ。もちろん悔しさは十分にあったけれど、それも含まれた清々しさだった。

プレデビュー

サバイバルオーディションの良くも悪いところは、参加者が芸能界のさわりを体験できるところだと思っている。有名な音楽プロデューサーが作曲し、人気のコレオグラファーが作った振付を、実際の音楽番組で使用される舞台セットやカメラの前で歌って踊れる。資本がある会社を除いて、素晴らしいチームが作った作品を歌い踊れるチャンスはそう多くない。そして一般的なグループはデビューしてからカメラの見方を覚え、芸能界での礼儀や立ち回りも少しずつ覚えていく。だからアイドルを夢見る子たちからすればとてもありがたい環境であるといえる。

同時に、街中に番組の広告が張り出され、街を歩けば気付かれることも増えるので、まるで自分が芸能人になったかのような気分になれる。この沼にはまってしまい折角の努力を水の泡にしてしまう人たちもたくさん見てきた。承認欲求の強すぎる人がこの沼にはまってしまうことが多いが、それは簡単な話、愛の枯渇からくるものだろう。皆が皆そうではないし、承認欲求が一括りに悪いとは思わないが、芸能人はある程度そこから入っている人が多い。

もちろん、僕もそうだ。目立ちたい、認められたいと思う気持ちが根底にあるからこそデビューできたと思っている。ただ、承認欲求が強くなりすぎると、自分の目標が誰のためなのか、何のためなのかハッキリせず、霧がかかったようにぼやける。だから自分を知ることが大事なのだ。僕が思うにサバイバルオーディションは自分を知るための絶好の場所である。

僕が参加した「PRODUCE 101」はミッションをする度に合宿をし、共同生活をした。合宿中は電子機器を全て没収されているので、外部に連絡を取ることもできない。完全に外と遮断された環境だからこそ、練習生同士のコミュニケーションも自然と増え団体行動に対する意識が変わる。その一方で、自分と対話する時間も増えるので自律心も芽生える。さまざまなミッションをこなすごとに成長する自分の姿を見ることができるので、僕自身とても不思議だった。特に僕は会社で一人、鏡に向かって練習をしていた環境から、同じ夢を持つ同志とレッスンを受けられる環境に自分がいることが夢のようだった。自然ともっと上手くなりたいと思う気持ちと、もっと練習したい意欲が湧き出ていた。

ただ、練習生の中には辞めたい、めんどくさい、辛いといったネガティブな発言しか言わない子も多かった。もちろん大変なミッションもあったから、理解できないことはない。あるミッションでは、1日で歌詞と振り付けを覚えなければならない過酷なものもあった。人数が多い分、全員が鏡の前で練習できるわけではないので、壁に向かって練習する子もいれば、諦めて座り込んでしまう子もいた。全体練習は日をまたぐ前に終わったが、深夜まで練習する人がほとんどだった。中には僕のように一番人の少ない早朝に練習する人もいたけれど、ほとんどの人はアラームがないから起きられなかった。しかも実際の睡眠時間は2時間あるかないかなので、自力で起きるのは不可能に近かった。そんな状況が数日でも続けば、気が滅入ってくるのは当然だ。普段できていることが突然できなくなったと言っている人もいたくらい、みんなが切羽詰まっていた。

でも僕はそんな状況すら幸せに感じていた。そう思えた要因はいくつかあると思うが、結果の重要性は30%くらいにして、残りの70%は「今を本気で楽しもう」と心から思っていたことが大きい。今に集中することで、目の前で起きている状況をシンプルに受け止めることができた。例えば、明日までに歌詞を覚える必要があるのなら、ただひたすらに覚えてみる。鏡が一つしかなく、みんなが使っているのなら、誰よりも早く起きて練習室に向かってみる、ただこれだけだった。この考え方のおかげで、環境のせいにする時間を自分と向き合う時間に使い、何が今の自分にとって正解なのかを見つけやすくなった。

切羽詰まることもたくさんあったけれど、それすら楽しんでしまうのだから、番組側としてはつまらない人材だと思ったことだろう。視聴者の感情を刺激するためには、参加者を極限の状態にまで追い込む必要があった。そうすることで見える人間らしさや人間模様が番組を面白くした。だから僕みたいに、ひたすら一生懸命に取り組む姿だけでは全く面白くならない。その当時の僕はそれが分からなかった。だから僕が番組に映ることは、ほとんどなかった。

夢が叶った日

サバイバルオーディションは「国民プロデューサー」と呼ばれる視聴者が、自分が気に入った練習生に投票できるシステムだった。視聴者自らがアイドルのプロデューサーになった気分で、練習生を育てる感覚が新しかったのだろう。「PRODUCE 101」は社会現象になった。小学生から高齢者まで年齢問わずみんなが知っていて、番組からその年の流行語なんかも生まれた。特に学生たちは選挙活動のように街に出て、行き交う人達に声をかけ、推しの練習生に投票してほしいとお願いする現象まで起きた。

とりわけ驚いたのは、投票してくれたら商品券をあげるなんて人もいたらしい。番組は全部で5つのミッションが準備されており、ミッションごとに投票で決まった順位によって脱落者が出た。そして最終投票で選ばれた11人が期間限定グループとしてデビューすることになった。僕は最終ミッションを前に脱落し、全12話中10話までの出演だったが。国内外の視聴者の関心も高まって、番組は予想以上の反響と共に幕を閉じた。

6月の初め。

脱落が決まりTwitterを見ていると、あるツイートを目にする。それは、脱落してしまったがデビューしてほしい練習生を国民プロデューサーが選び、仮想で理想のグループを作ったものだった。そこにはグループ名も書いてあり「本当に（정말）、望ましい（바람직한）、組み合わせ（조합）」の頭文字を取って「JBJ」と書いてあった。他にも「お願いだから（제발）、分量（분량）、くれ（줘）」や「Just Be Joyful」の頭文字でもあるというツイートも見つけたが、よく見るとそのグループの中に僕の名前があった。

最初は面白いツイートだなくらいにしか思っていなかったが、徐々にリツイート数が伸び、友人や関係者からツイートを見たと連絡が来るほどに業界の関心も熱くなっていった。

僕の他にも6人の練習生の名前があったが、いつの間にかそのメンバーでカカオトーク（韓国版のLINE）のグループトークができていて、気付けば毎日のように連絡を取り合っていた。

7月の初め。

韓国の大手レーベル会社LOEN（現：KAKAOエンターテインメント）から僕の会社

に連絡が入った。それは期間限定でＪＢＪというグループをやらないかという話だった。なんとファンが作った仮想のグループが韓国大手の会社の目に入ったのだ。同時期に番組制作会社の姉妹会社であるＣＪ ＥＮＭからも、同様の提案が各メンバーの会社に出された。すぐにメンバーのグループトークでも情報交換がされ、自分の会社の動向を報告し合った。意外にもここまではみんな冷静で、はしゃぐような人はいなかったが、実際はみんな内心で大喜びだったはずだ。僕は、デビューという一つのゴールが目の前までやって来ているのに、喜びを隠すのは僕自身に失礼だと思った。でも、この話がなくなって一人大騒ぎした残像だけが残るのは恥ずかしかったので、ポーカーフェイスを貫いた。

7月の終わり。

ＪＢＪプロジェクトは水面下で動いていた。各メンバーの会社7社＋ＬＯＥＮ、ＣＪ ＥＮＭが何度も会議を重ね、活動期間や収益の分配などの現実的な協議が行われる。日本では事務所が違うメンバーで構成されたアイドルグループが人気になった事例があるけれど、韓国ではそういった事例はあまり見ない。9社の企業が一つのプロジェクトのために集まって、それぞれの意見の中間を探すのは容易なことではないし、それだけの大人がいれば意見がぶつかることのほうが多い。ここでメンバーの一人の会社がグループ活動は難しいと言い出した。話を聞くと、会社とメンバー間で少し問題があったみたいだった。どの会社もこのプロジェクトが今ベストなタイミングであることは共通していたので、6人でプロジェクトは進め、ギリギリまで最後のメンバーの合流を待つことになった。

それから間もなくして、JBJの期間限定活動が正式に決定した。その知らせを聞いた時の感情は、今思い返しても不思議なものだった。夢が叶うという現実が今ここにあることが信じられなくて、でもすっごく嬉しくて、ここまで諦めなかった自分に対しての感謝も感じた。自分が風船になったみたいに、いろんな感情がどんどん膨らんで空に飛んでいきそうな感じだった。

8月の初め。

JBJの活動が決まり、すぐにアルバムの制作が始まった。アルバムの制作には最低でも2ヶ月は必要で、10月にデビューが決まった僕たちにとって時間はあまり残っていなかった。結果的に制作チームはCJENMが、マネジメントはLOENが引き受けることになり、みんな急ピッチで準備を進める。レコーディングや振付練習のスケジュールが、どんどんカレンダーを埋めていった。毎日、関係者と呼ばれる人たちとミーティングをしグループコンセプトの説明を受ける。そして今後アイドルとして活動する上での注意点が書かれたマニュアルを渡され指導を受けた。その間も、あと一人のメンバーと連絡を取り合って合流を待っていたのだが、ついにデッドラインが来てしまう。アルバムの表題曲のレコーディング日と僕たちのリアリティー番組の制作が決まり、ここで7人目のメンバーの合流がないまま6人組としてデビューすることが決まった。なんとも言えない気持ちになったが、彼の想いも背負って頑張っていこうと話したのを覚えている。

9月1日。

あっという間に8月が過ぎ、この日から宿舎生活が始まった。場所はソウルの代表的な川である漢江が一望できるマンションの高層階の一室だった。それまで2畳ほどの個室とシャワートイレは共同のコシウォンに住んでいた僕が、いきなり成功者のような家に引っ越したもんだから落ち着かない。宿舎に入ると、引っ越しするところからリアリティー番組の撮影は始まっていたので、カメラがたくさんあった。宿舎のインテリアは全て終わっていて、ベッドにソファー、パソコン、テレビまで全てそろっていたため、体一つですぐに住める状態だった。日本でもこんな家に住んだことがないからやっぱり落ちつかない。でも間取りも気になるので、これからお世話になる家を一部屋一部屋じっくり探索した。少しすると、大量のジャージャー麺が宿舎に届いた。韓国では、引っ越しするとジャージャー麺を食べる習慣があるといって、スタッフさんと一緒にジャージャー麺をすすった。

9月23日。

デビュー曲「FANTASY」のMV撮影当日。ファンが作った仮想のグループが、実際にデビューする奇跡をそのままコンセプトにしたデビューアルバムは、MVも幻想が現実に変わっていく過程を表現していた。2日に渡って撮影が行われ、1日目は野外での撮影から始まった。僕らメンバーは個人カットの撮影を終えたら待機室で待っていればいいが、監督さんをはじめスタッフさんたちは、休まずに撮影をしているので、僕らよりもずっと大変だったと思う。全体カットの撮影も終えて、この日の撮影は終了した。時刻は深夜4時を回っていた。

撮影地がソウルから1時間ほど離れた所だったので、翌日（当日）の撮影に備えるためすぐに宿舎に帰りシャワーを浴びた。仮眠くらいは取れるのかと思っていたが、2日目の撮影もソウルから1時間半ほど離れた山奥にあるスタジオだったので、仮眠どころか一息つく間もなく出発した。寝る時間がないので、僕たちメンバーは移動中の車で仮眠をとり、運転しているマネージャー陣は僕らの撮影中に交代で仮眠をとった。

到着し車を降りると、朝日が僕らの疲労なんて知らんと言わんばかりの、空気の読めない明るさで照らしていた。ここで日差しを気持ちいいと感じてしまった僕は、まだ気持ちに余裕があると言われた気がして悔しかった。それから丸一日撮影を行ったが、この日はダンスシーンの撮影もあり、体にムチを打ちながら踊った。最後のほうは、差し入れのマックのポテトを寝ながら食べるほどにみんな疲労困憊していた。

そしてついに2日間に及ぶ撮影のクライマックスとなるシーンが始まったのだが、ここで事件が起きる。それは一番年下のメンバーが燃えた傘を持って立っているシーンで、その燃えかすが落ちてきてメンバーの髪が燃えたのだ。本当に少しだったので大事には至らなかったが、2日間（実質3日間）も寝ずに撮影した最後の最後にこのシーンを撮ったのはクレイジーすぎた。こうして無事（？）に撮影を終えたのが25日の朝9時すぎ。僕らは宿舎に帰り、髪が燃えたメンバーはそのままの足で美容院に移動し、散髪をしたのだった。

10月18日。ついにデビュー当日を迎えた。

K－POP業界では、デビューや新曲を出すタイミングでショーケースを開催することが多い。僕らもソウルにある大学の体育館でデビューショーケースを開催したのだった。夕刻前に行われた記者向けのショーケースには、300人弱の記者や報道陣の方が集まってくれた。これほどの記者の方が一グループのショーケースに集まることはそうそうない。

僕らがそれだけ注目をされているという事実を、その時初めて実感した。

　アルバムの表題曲を含む2曲を披露した後、記者会見が行われた。カメラのシャッターがパシャパシャと僕らを照らす。その一つ一つの光が、小さい時に見た某テーマパークのパレードや好きだったアーティストのステージを見ているかのような感覚にさせた。いわば、子供の頃から僕の心を照らしてくれた、夢や希望が目の前にあるかのようだった。強く僕の瞳に入ってくる光に緊張が重なってクラクラとしてくる。我に返った時には楽屋に戻っていた。ソファーに座り自問自答する。僕はデビューするのだろうか。未だデビューする実感がない自分自身に僕は戸惑った。

　夜にあるファン向けのショーケースに向けてメイクを直し、衣装を着替え、振付の最終確認をする。公演には家族がパスポートまで取って見に来てくれていた。友人や知人ももちろんお祝いに駆けつけてくれた。そしてなんと言っても、僕がK－POPアイドルを目指すキッカケとなった推しであるRICKYさんも、わざわざ応援しに来てくれたのだ。僕がステージを見に行き応援していた立場から、推しが僕のステージを見に来てくれ応援してくれる世界線。「今度は僕が君のファンになる」といったメッセージまでいただいた(言っておくがこれは自慢だ)。

　開演時間が迫り、ステージ裏まで移動する。急に緊張してきた。でも不思議なのは、ここまで来てもデビューの実感が全くない。僕たちはステージにあるＬＥＤのパネルが上がって登場することになっていたので、パネル裏にスタンバイした。パネルの隙間から客席がうっすら見え、ここでやっと実感が湧いてきた。このパネルの向こう側に僕らを待っているファンがたくさんいると思うと、会場にはいなくても期待してくれているたくさんのファンの想いも伝わってきた。このパネルが上がれば、夢に見たアイドルとして僕はデビューする。感情が波打ちながら僕の中で騒いだ。

遂にオープニングの曲が始まった。メンバー同士、顔を見合わせお互いを励ます。涙が出てきそうになるのを必死に抑えながらポーズを決めた。曲が中盤に差し掛かりＬＥＤのパネルが上がり始めた。すると途端にそれまで曲の音しか聞こえていなかった僕のイヤモニから、すごい勢いで歓声が聞こえてきた。５０００人の歓声は、僕の細胞の隙間に入り込んでゾクゾクと震えた。僕は生の歓声を聞きたくなって少しイヤモニを外した。

その瞬間、僕のデビューという夢が現実になった。

「夢が叶った」

孤独

言語を学ぶとその国の習慣や歴史、文化を学ぶことができる。日本でいえば、ご飯を食べる前に「いただきます」と言って合掌する。これは仏教思想からきているらしいが、外国人からすれば「いただきます」という言葉を覚えると同時に、日本の文化に仏教の思想があることや食事の作法を学ぶことができる。他にも、日本伝統の色名称を覚えれば、日本人がどんな感性を持っているか感じることができるだろう。

今からするお話も、僕が韓国に渡り韓国語を習得しながら学んだ韓国文化や、日本との文化の違いに戸惑いながら自分自身と向き合った話である。

韓国に渡った当初は、自分が三歳児になったような感覚だった。伝えたいことがある時は、知っている単語を使って表現し、伝わらなければ指さし会話でなんとかした。まさしく三歳児だった。だから簡単な意思疎通は可能でも、僕の伝えたいことがハッキリとは伝わらないし、相手が何を言っているのかも分からなかった。それでもこの頃はなんとなく会話ができていれば、なんとなく生きていくことができたからよかった。逆にいえば、相手が僕に何を言ってこようが、僕はちんぷんかんぷんだから変な気疲れをしなくて済んだ。ただ、芸能界という場所で仕事をする立場になると、曖昧な表現は人生を左右する致命的な要因になった。

ＪＢＪでのグループ活動が始まり、メンバーと常に共に過ごす環境で、自分が嫌だと思ったこと、グループの改善点を話す機会が増えたが、過密スケジュールの中でそれぞれの想いを伝えられる時間は限られていた。だからみんな直接的すぎる表現はしなくとも、自分の想いを曖昧に表現することはなかった。僕も必死にその会話に着いていこうと試みたけれど、言語の壁が立ちはだかる。そして日本人特有の曖昧な表現で伝えたり、それを読み取る習慣から、メンバーの言葉の裏にある本当の気持ちや伝えたいことの本質はなんなのか考えながら会話に加わった。その結果、メンバーが何を言いたいのか、今なんの会話をしているのかを瞬時に理解するのは不可能だった。

もちろんメンバーは僕の言っていることを理解しようと努力してくれたし、僕に分かりやすく説明もしてくれた。でも、韓国人からしたら、日本人が持つ曖昧の美学なんて知る由もない（日本人でも物事を「曖昧」にする文化が全ていいものだとは思えないのに）し、ただ単にハッキリしない奴という印象しか残らず、僕も僕で韓国人からすればなんてことのない表現が、ハッキリし過ぎていて勝手に傷ついたり怒りを覚えたりもした。こうして生まれた相互の誤解を解こうと話をしても、僕のつたない韓国語で伝えれば、意図していなかった伝わり方をしてしまう。次第に僕は他のメンバーとの壁を感じ、取り残されていく感じがした。

ちょうどその頃、さらに追い討ちをかけるような出来事が起こる。

新曲のアルバム制作が始まり、スケジュールの合間にレコーディングと振付の練習を行っていた。当たり前だが、デビューアルバムの制作時よりもタイトなスケジューリングであったため、数日前にデモが送られてくる。だから僕らは移動中の車で歌詞を覚える程度しかできなかった。ただ僕らのグループはあらかじめ自分のパートが決まっているわけではなく、レコーディング当日に全員が一度フル尺で歌い、パートを振り分けるやり方だったので、僕はスケジュールが忙しくてもなるべく練習してから臨んだ。外国人からしたら韓国語の発音は難しく、特に歌うとなるとリズムや歌唱にも気を使わなければならないので、歌詞に目を通す程度では僕はパートがなくなると思った。とは言っても、日本語の発声と韓国語の発声は元々違うため、日本人が韓国語の歌を歌うとなるとロジックの理解と十分な練習が必要だった。どう頑張っても短時間でどうにかなるものではないけれど、だからこそ少しでも多く練習した。

ある曲のレコーディング日、いつも通り一人ずつブースに入って一曲歌い、全員が歌い終わると、作曲家さんと会社の方が話し合って決めたパートが発表された。メンバーに偏りがないよう均等な分配だった。自分のパートがなくならないか心配していた僕はほっと肩の力が抜けた。僕の順番になり、ブースに入って自分のパートを歌っていると、途中から指示の声が聞こえなくなった。ディレクターさんたちがいる部屋とブースは離れているので、指示がある際は専用のマイクを使わないと僕のヘッドフォンに聞こえてこない。無音のまま10分以上は待っただろうか、不安が大きくなる僕の耳に入ってきた、10分越しの言葉は次の通りだった。

「ここのパートは健太の声がよく合ってるんだけど、韓国語の発音が良くないから他の子にパートを替えるね」

4畳ほどのブースはまた無音に包まれ、僕の頭にさっきの一言がこだまする。単純に僕の実力不足だった。よく分からない喪失感が僕を襲い、外と隔離された世界にひとり取り残された感じがした。一つの作品をみんなで作り上げるにはそれなりの完成度は必要で、自分の発音のせいで作品のイメージや作曲者が伝えたい意図が表現できないのであれば、僕じゃない他のメンバーが歌うべきだ。それを理解しているからこそもどかしかった。

この出来事があってから、僕はどんどん孤独になっていった。もちろん現実の世界ではメンバーとも仲良く過ごしていたけれど、ひとり勝手に孤独の沼に埋もれていったのだ。ただこの時、どん底に落ちかけた僕を救ってくれたものがある。それは心から悔しいと思う気持ちだった。孤独の沼に埋もれて目の前が真っ暗になったことが、自分自身と向き合うキッカケとなり、その時に感じた悔しさが、僕に沼から這い上がる力をくれた。

悔しいと思えるほど真剣に向き合ってきたということ。
文化の違いからくる人間関係の溝をどう埋めることができるか。
自分がどう寄り添えばいいのか。
韓国の良さは何で、日本の良さは何か。
自分の限界はどこまでなのか。

結果として僕が気付けたこと。
それは、文化の違いからもたらされる誤解は、言語の習得と共に、その国の文化を理解し歩み寄ることで、徐々になくなっていくこと。そして言語の習得とは、自分と向き合うということである。

刹那、だから軌跡

194日。これは僕らがデビューしてから解散するまでの日数だ。人間の赤ちゃんにたとえれば、やっとつかまり立ちができるようになる頃。昨日できなかったことができるようになって、毎日成長を感じられるそんな時期。僕らもこれからだという時に解散した。決して長いとは言えない194日という期間で、賞の受賞や音楽番組の一位を成し遂げることもできた。そしてまだ冬の寒さが残る時期に、契約延長のデモが起きるほど僕らは愛されていた。一度は契約延長の話も浮上したが、叶うことはなかった。メンバーの数だけ道は分かれる。悲しい事実ではあるが、僕らは受け止めることしかできなかった。

JBJの解散後、僕は194日で感じたことを詩にした。僕の記憶の中に色濃く残る思い出を残しておきたいと思った。お恥ずかしいがその時に書いた詩を紹介したいと思う。終わりを知っている人間は輝くことができる、そして刹那に輝く自分という奇跡が、軌跡を作ることを書いた詩である。

一瞬のうちに空まで上昇する気分だった。

周りで何が起こっているのか分からないまま、刹那に過ぎ去る瞬間を全力で生きた。

それしかできなかった僕を、決して一人では昇ることのできない高さにある輝きまで連れていってくれた。

一つの輝きに到着すると、その上にはまた別の輝きが見えた。

一つ、また一つ、どんどん昇っていく。

ふと下を見渡すと、今まで見てきた輝きがあった。

僕は、空から輝く街並みを眺めているような感覚になった。


雲の中に入り、突然目の前が真っ暗になった。

雨が銃弾のようにあたり、痛くてたまらない。どうしようもできないまま、速度はさらに上がっていく。

それに伴うように痛みも増し、耐えることしかできない自分が虚しくなった。

先の見えない暗闇と痛みの中で、走馬灯のように僕が見てきた輝きを思い出す。

すると一閃の光が僕の視界を奪った。

真っ白の世界で、僕は「終わり」を見た。
周りを見渡すと、さっきまでの雲が嘘だったかのようになくなっている。
そして僕自身が光っていた。

ふと下を見渡すと、僕が通ってきた道筋が輝いている。
僕は、僕の軌跡を見ている感覚になった。

Chapter 3
「あいだ」に存在する

僕とサンギュン

ＪＢＪの解散後すぐに、ユニットデビューの話が浮上した。ＪＢＪのメンバー数名で、期間限定ではないグループを作ろうというものだったが、それまでマネジメント、制作を担当していたLOEN、ＣＪ ENMは参加せず、メンバーの所属する会社同士で協議が行われた。それぞれの会社が今後のプランを考えていたため、また一から、期間限定ではないグループを作るのは容易なことではなかった。

最終的に二つの会社が合同でグループを作ることになった。メンバーは僕と、僕と同じ1995年生まれ（日本の学年では僕が一つ年上）のサンギュンと二人。宿舎ではルームメイトだったけれど、正直ＪＢＪメンバーの中で一番接点のないメンバーだった。とはいえ、仲が悪いわけではなく、少し壁があるような感覚だった。なぜなら、サンギュンはいつも何を考えているのか分かりづらい人だったので、僕は距離の縮め方が分からなかったのだ。これから先、苦楽を共にするであろうたった一人のメンバーとの距離感をどうしていくべきか、考える必要がある気がした。

デビューしてから少し経っても、お互いの性格が原因で僕らの距離は一向に縮まらなかった。僕は外交的で自ら動き、誰とでも仲良くなれる性格である一方、サンギュンは内向的で何事にも慎重な性格で自ら何かに挑戦するようなタイプではなかったので、二者択一的な場面でも被ったことがないくらい、僕らは正反対の性格だった。たとえるならば、太陽と月のような動と静の関係とも言えるし、磁石のS極N極のように両極に存在するような関係であるとも言える。

そして韓国人と日本人という、似ているようでまるで違う文化の元で育った二人が一つのチームになるということも一筋縄ではいかなかった。怒涛に過ぎていく日々の中で、お互いが歩み寄るというよりは準備された仕事を個人プレーでこなし、それが結果的にチームのように見えているような感覚。僕の経験上、こういったタイプの人はこういう言動をするとか、きっとこう考えているだろうという予測が見事に外れるから、よかれと思ってした行動でもそうじゃないという顔をされ、歩み寄る勇気がなくなっていく負の連鎖。

彼から話しかけてくるようなことも滅多になく、共にする時間が長くなればなるほど、初めて会った時よりもどんどん距離が離れていっているように感じた。本当にビジネスパートナーという言葉は僕達のためにあると言っても過言ではないくらい、お互いの人間的な部分は全く知らなかった。

そんな彼と距離がグッと近くなるきっかけがあった。

あるイベントに出演するため日本に帰国した際、楽屋でマネージャーがふざけていたことがあった。ふざけていたと言っても、仕事はきちんとしてくれていたし、普段は僕も一緒にふざけては遊んでいた。けれど、その頃は仕事や会社のことで考えなければならないことが山積みで、余裕がなくなっていたからかピリピリしていた。周りの一言一言に神経質になり、そのイライラを抑えるのにまた神経を使う。そんな状況を知ってか、マネージャーがふざけながら気分転換をさせてくれようとしたのだと思う。ただそれすらもイライラしてしまった僕は、マネージャーに対して失礼なことを口にしてしまった。ちゃんとは覚えていないが、どうでもいいから仕事をしてください的な内容だった気がする。これは本当に僕が悪かった。もちろん後に謝罪はさせていただいたけれど、その時は失礼なことを口にした自覚もなく、余計なことはいいから仕事をしてくれと切に願う気持ちだった。

スケジュールが終わり、サンギュンに話があると言われた。後をついて行くと、先ほどの失言について注意をされた。ここで普通なら注意をしてくれたことに対して感謝するべきだが、その時の僕は全てを壊す勢いでブチギレてしまった。この理由はちゃんとあって、当時の彼は仕事に対して積極性を感じられず、外部の関係者に対しても愛想がいいとは言えなかった。だから僕がその場の空気を読んだり、みんなに気持ちよく仕事をしてほしいという思いから、積極的にスタッフと交流して楽しい現場作りを心掛けていた。もちろん彼が常にそうだったわけではないし、彼なりの気遣いもあった。結果的に僕も僕でいっぱいいっぱいになって失言をするという本末転倒なことになってしまったが、そんな彼から注意をされたことで怒りと許せないという気持ちが爆発した。

今まで抱え込んできた気持ちが感情的になって彼に向かう。少しの間言い合いになったけれど、イベント会場の裏で話していたので、その場では解決しなかった。後日、ソウル市内のとある駐車場で僕ら二人だけで話し合うことになった。僕が今までの思いを包み隠さず全て彼に伝えると、彼は少し驚きながら申し訳なさそうに謝ってきた。今までの言動が意図的ではなかったこと、彼自身つらい部分があり余裕がなくなっていたこと、少しずつではあったけどしっかりと彼の気持ちを伝えてくれた。彼なりに努力をしていたことをただ否定してしまっていたことに申し訳なさを感じ、言い過ぎてしまったことも含め謝罪した。そしてお互いに今のチームを守っていこうと決意を交わした。僕はこの時とても嬉しかったのを覚えている。今まで知りたくても知ることのできなかった彼の想いや考えを知ることができたことで、心の距離が近くなったように感じたからだった。

今となっては誰よりも彼のことを理解できるようになった。何を考えているのか、何が嫌いなのか、何が得意なのか、全て分かる。サンギュンクイズ大会が開催されれば優勝できる自信があるほどだ。一緒に暮らすようになって6年が経ち、苦楽を共にしながら少しずつ歩み寄ってきた経験が、僕らの「あいだ」を埋めた。

時には性格や言動が理解できず、嫌いになりかけたこともあった。日本に帰ろうと思ったこともたくさんあった。それでも乗り越えられたのは、彼が文化を超えて僕のことを理解しようとしてくれたからだろう。僕にはできないほどに、彼は人を理解しようとし、人の意見を尊重できる人だ。僕はそんな彼を尊敬している。そしてチームメイトという枠を超えて、信頼している。それは真逆の性格だからこそ、僕にあるものと彼にあるものが明確に見え、必要になれば互いにそれを共有し、補い合うことができる関係であるからだろう。そんな関係が文化を超えてここに存在していること。それが僕とサンギュンであることを誇りに思う。そして感謝している。

ステージと客席

昔ある方にこう言われたことがある。

「1万人規模の会場で100人相手のパフォーマンスをしてはいけない。逆に100人規模の会場で1万人相手のパフォーマンスをしてもいけない」

簡単に言えば、大きい会場で小さく踊っていても端っこの観客からしたら何をしているのか分からないし、小さい会場で過剰なパフォーマンスをすれば、観客からしたらただただ気まずいだけということだ。目の前に相手がいるのに大声で話しかければただの変な人になるように、規模感が合っていないパフォーマンスは観客との距離を遠ざけてしまう。

僕はこの言葉を言われた時に、今まで観客として見てきたさまざまな公演を思い返してみた。確かに、ファンでもないのに惹きつけられるパフォーマンスをするアーティストの公演を見てみると、ベストな距離感を保つ演出が上手い。それは物理的に客席の近くに行くことだけではなく、舞台上のセットやステージの使い方、照明などがアーティストの感情とリンクした時、僕の心にスッと入ってきたのを覚えている。そして、アーティストの立ち振る舞いもまた、観客との距離感を決定づけるものだと感じた。

僕は公演をする際、リハーサルをしながら観客席を一周するようにしている。これはデビュー後の公演から一度も欠かしたことはない。なぜかというと、ステージの上から感じる客席との距離感と、客席から感じるステージとの距離感が別物のように違うからだ。ステージからは観客の顔が僕を向いているので、目線を合わす対象が増えることで気持ち的には観客と通じ合っているように感じる。一方、観客席から見える顔は僕だけなので、自分と目線が合っているのか確認しづらいことで気持ち的に距離感を感じてしまう。物理的に考えたらこれはしょうがないことなのかもしれない。けれど僕らはロボットに向けてパフォーマンスをしているわけではないから、気持ちが通じ合っているか否かはダンスや歌の実力よりも重要であると思っている。

実際に客席に立つと、想像以上にステージが高く感じたり、スピーカーなどが死角になってステージが見えない席があることに気付ける。そして何より、客席から見える僕らがどうやって見えるか想像することができる。事前にリハーサルした振付の見え方が悪いと思えば、その場で変更することもあるし、MCでの動き方もその会場によって変える。これをするとイメージトレーニングがしやすくなり、本番での余裕もできる。そして本番のステージに立った際に、たとえ照明が自分にあたり自分の視界が白くぼやけて客席が見えなくなったとしても、そこに確かにファンがいると感じることができる。

「ステージと客席」のあいだは、演者と観客の想いが同じくらいの力で引き合うことで埋まる。綱引きにたとえれば、アーティスト1人の公演に1万人の観客が来た場合、1対10000の綱引きをしているような感じだ。同じ力で引っ張り合わないと片方が倒れてしまうように、アーティストは自分の想いをパフォーマンスに乗せて客席に届け、ファンも応援する気持ちをアーティストに届ける。そして、お互いがそれを受け取る。これが「ステージと客席」の理想の距離感であると言えるだろう。僕もこれから100人だろうと1万人だろうと、同じような綱引きができるように、僕なりのパフォーマンスを追求していきたい。

お前がやってみろ

誰しも初めから完璧にはできない。僕もそうだし、これを読んでいるあなたもそうだ。同様に、僕の会社もグループをマネジメントするのは初めてに等しかった。正確に言えば、僕の先輩であるレナさんのグループをマネジメントしていたが、当時アルバム制作のスタッフはいなかったので、僕らの再デビューに向けて新入社員を採用し、JBJ95チームができた。

韓国のアルバム制作について簡単に説明すると、社内でのチームは大きく分けてA&Rチーム、ビジュアルディレクティングチーム、広報チーム、ファンマネジメントチーム、マネジメントチームの5チームほどに分けることができる。

・A&Rチーム：アルバムの核となるコンセプトを決め、楽曲制作または作曲家から楽曲を提供してもらう業務。MVやジャケット撮影などの監修も行う、アルバム制作のメインとなるチーム。

・ビジュアルディレクティングチーム：メンバーのビジュアル（髪型、メイクアップ、スタイリング）のコンセプトを決めたり、アルバムのアートワークの監修などを行うチーム。

・広報チーム：記者や外部に広報するチーム。動画サイトに上がるビハインド映像などのコンテンツ制作も、このチームに属する場合がある。

・ファンマネジメントチーム：アルバム活動期間に、サイン会や音楽番組などのファンが参加するイベントを取り仕切るチーム。ファンコンテンツの制作や、ファンからのサポート（プレゼントなど）のやり取りなどファンに関する仕事は全てこのチームが担う。

・マネジメントチーム：音楽番組や、その他イベントのブッキングなどを行うチーム。

ここにヘアメイクチーム、衣装チーム、作曲家チーム、レコーディングチーム、MVチーム、ジャケットチーム、などの外部チームも加わって皆で一つのアルバムを作った。それぞれのポジションにいるスタッフさんたちはその道のプロであり経験のある方が多かったが、会社の代表はこの規模感でチームを動かすのは初めてのように見えた。システムや流れを分かっていないこともあったので、実質的には社員に任せるような形を取っていた。ここでお金に狂った頭の固いお方だと、現場がどういう状況か把握せず社員の意見を聞き入れないこともあるが、僕の会社は他社よりは放任的なほうだったと思う（この時は…）。

全員が手探りで制作したデビューアルバム「ＨＯＭＥ」の活動もまた手探りだった。初めてということもあり、スタッフさんたちは全力で僕らをサポートしてくれた。情熱を持って仕事をしてくれる方のためにも、僕もできる限りのことはサポートしたい、そう思うようになっていった。

ただ、情熱があるからと、全てが上手くいく訳ではないことを思い知る出来事が起こった。当時は音楽番組が月曜日から日曜日まで毎日、どこかしらの放送局が放送していた。番組ごとにシステムの違いや決まりがあって、例えば「被せ」と呼ばれる曲に薄くボーカルの声が入っている音源のパーセンテージやリップシンクの有無の判断も違った。それに伴って事前に指定された音源を番組側に提出する必要があったのだが、僕らが聞いていた内容と実際リハーサルで流れた音源が違うというミスが数日続いたことがあった。初日はまだ、起きてしまったことはしょうがないと思える余裕があったが、数日間、同じミスが続いた時はさすがに怒りが沸点を超えた。僕らだけならまだしも、番組側に迷惑をかけるミスを連続で起こす責任感のなさや、社内のコミュニケーションがどうなっているのか疑問が残った。

初めは理解しようと努めたけれど、それ以外にも多発する問題のせいもあって、同じミスを連続で起こすというのは、ミスをしないようにお願いしている僕らにも失礼であると思えないのか、一人で動いているわけではないのに他のスタッフは何をしていたのか、という考えが僕の頭の中をいっぱいにした。話を聞くと、現場の状況を知らない上層部からの圧もあったようだが、僕から見ると全てのポジション同士でコミュニケーションが不足しているように感じた。最終的に現場にいる僕らが対応に追われる中、ステージに立ち、夜中まで練習する生活に精神的な限界が近づいていた。

僕自身も初めてが大手事務所での活動だったために、基準がそこに合ってしまっていた。メンバーは準備されたものをこなすだけでよく、各ポジションのミスがあったとしても僕らの耳に入ってくることはなかった。でも「HOME」の活動期にはそういったミスや内部の状況があまりにもクリアに見えてしまうことと、ファンや関係者からの期待に応えたいと思う気持ちが、僕を混乱させたのだと思う。この状況を変えなければ、メンバーだけではなくチーム全体が壊れてしまうと直感的に感じた僕は、そんな不安を抱いたまま、約3ヶ月に及ぶ活動を終えた。

その年の年末に、再デビュー後初となるコンサートツアーが開催された。ソウルを皮切りに日本、タイ、フィリピンを回るツアーだった。スタートとなるソウル公演二日間を終えて打ち上げが開催されることになり、僕らが到着すると代表を含む幹部の人たちが先に食事を始めていた。関係者がそろったところで乾杯の音頭があり、僕たちは50人ほどいた関係者のテーブルに挨拶を済ませた。

自分たちの席に着き、いざご飯を食べようと思った時、端の席にいた代表から呼び出された。改めて二人きりの乾杯をし、お酒が進み機嫌のよくなった代表から激励の言葉をいただいた流れで今回の活動の話になり、会社の運営について意見を聞かれた。僕らは代表と定期的なミーティングを行っていたわけではないので、今しかないと思い、活動期に感じていた不安要素を日頃の感謝を交えつつ伝えた。コミュニケーション不足による初歩的ミスの回避、そして上部の判断ミスによる現場での事後対応について状況を説明し、改善をお願いした。なるべくソフトに伝えたつもりではあったが、代表の求めている答えではなかったらしい。お酒が入っていることもあって、感情的な口調になっていく。そういった意図ではなかったと伝えなだめるが収まらない。僕も限界に来ていたその時、代表の口から思いもよらない言葉が発せられた。

「お前が代表をやればいい。俺はやらないから、お前が好きなようにやってみればいい」

この時人生で初めて、心に張り詰めていた糸がプチンと切れる音がした。あの感覚は今も鮮明に覚えている。僕は開いた口が塞がらず、それまで会社が大きくなることが僕たちのためになり、僕たちが大きくなることが会社のためになると信じ、必死に努力し協力してきた気持ちが、この一言でどこかに消えていった。そして頼れるべき存在である人が発するとは思えない冷たい言葉に、自然と涙があふれていた。話の論点が合っていないこと、全ての責任者である人が決して口に出してはいけない言葉であること、過去に約束したことが守られていないこと、僕らの努力が伝わっていないこと、色んな想いが涙となってあふれた。代表もそんな僕の姿を見て驚いたのか、少し慌てているようだった。

人は歩み寄りが大切だ。

もちろん当時の僕の行動が完璧だったとは言えない。僕にも落ち度がたくさんあっただろう。お互いが完璧ではないからこそ歩み寄り、問題に向き合うことができなければ、その関係はいつか壊れてしまう。

気持ちのバルーン

人と人の「あいだ」には、目に見えない気持ちのバルーンが存在すると思っている。距離が近くなりすぎるとバルーンは割れてしまうし、鋭く尖った言葉にも弱い。お互いのバルーンを割らないようないい距離感を保つ努力が必要であるし、自分が発する言葉が相手のバルーンを傷つけていないか時々確認する必要もある。

それは結局のところ、心に余裕がないと無理な話ではあるが、まずは自分の気持ちのバルーンがどのくらいの大きさで、どのくらいの強度なのか知ることが大事だ。なぜなら、自分のバルーンの大きさを分かっていない人ほど相手のバルーンを傷つけるからだ。そして自分自身のバルーンが割れているのに気付かない人もまた、自分の「気持ちのバルーン」の大きさを知らない人だろう。

僕はいつからか、会社とメンバーの間に入りメンバーの意見を代表に伝え、反対に代表の意見をメンバーに伝えるようになった。人によって人と関わる密度やバランスを保つ方法はバラバラで、僕はどちらかというと人と早く打ち解けることのできるタイプだったけれど、サンギュンはそれに時間がかかってしまう。彼自身もそういったことを自覚し、周りもある程度理解していたので、僕がクッションの役割になった。そして仕事柄、毎日のように新しい人と仕事をする僕らにとって、彼のようなタイプは誤解されやすくもあった。だから現場でのフォローを始め、会社のコミュニケーションミスのフォローをしていた。

正直、会社のことは知らん顔することもできたが、そうなるとミスしたまま仕事が進み、最終的にSNSがプチ炎上する。ファンからしても同じようなミスが続けば信用の問題にもなるし、大衆のイメージは僕らの顔であったため、会社のミスは僕らのイメージに直結していた。だから知らん顔するほうがリスキーであったし、誠実ではないとも思った。追い打ちをかけるように、アンチからのメッセージやメインボーカルであったプレッシャーから表現者としての実力不足を感じ、僕は僕が壊れかけていることに気付けないほど追い込まれていた。

ある時から感情のコントロールができなくなった。移動車でマネージャーとサンギュンが話している声でさえ耳障りに感じ叫んでしまう。二人に対する申し訳なさと感情的な自分への自己否定が連鎖し、負の感情から抜け出せなくなった。それまでは楽しいと感じていたファンサイン会も、ファンの前で笑えなくなってしまいそうで怖くなった。

それだけじゃない。誰かといる時は大丈夫なのに、宿舎の自分の部屋に戻った途端、途轍もない虚無感に襲われる。外を走る車の音が、僕の真横を走っているくらいの爆音に聞こえパニックになり、訳もなく死んでしまうという恐怖で寝られない。そんな生活が半年ほど続いた。でもまだその時は、自分の身体が変だとは思わなかった。ただ単に自分の性格が悪くなって、疲れているのだと思っていた。

ある日の仕事終わり、宿舎に帰りシャワーを浴びた。蛇口を捻り、椅子に座る。虚無感に襲われ、ぼーっとしてくる。シャワーの水を身体に浴びたまま立つこともできなかった。そのまま意識を失ったように僕の中では記憶がない。ピタッと途切れている。気が付いた時にはシャワーが真水になっていた。一時間ほど経ったのだろうか、身体が冷たい。ただただ寒かった。すぐにシャワーを止め、身体を拭こうと脱衣所に出ようとした時、左の腕に違和感を感じた。ふと腕を見ると無数の噛み痕がある。強く噛まれたような内出血の痕だった。

とにかく寒かった僕はとりあえず服を着て寝室に戻った。携帯を見てみると、帰ってきてから3時間は経っている。ここで完全に正気を取り戻した僕は、怖くなった。何が起こったのかは分からないが、自分の身体がおかしいことは分かった。精神病なのかもしれない。そう考えるとどんどん怖くなってきたので、僕が韓国に渡る時から一番お世話になっている友人に連絡をした。状況を説明し、精神科の病院を調べてもらった。宿舎のすぐ近くに予約のいらない病院があるから一緒に行こうと言ってくれた。

診断の結果は「双極性感情障害」だった。簡単に言えば、感情の起伏が激しく、コントロールが効かなくなってしまう心の疲れだ。まさか自分がこうなるとは思ってもみなかった。ネガティブ思考なところはあっても明るい性格の自分が、心が疲れてしまうほど自分を追い込んでいたことに悲しくなった。そして自分に申し訳なくなった。

僕は、自分の「気持ちのバルーン」がどんな大きさで、どのくらい強いのか分かっていなかった。

そして割れていることにも気付けなかった。

目には見えない「あいだ」は存在する。

目には見えないからこそ想像してみてほしい。

「またいつでも帰っておいで。」

これは不思議な本当の話。

ある日のスケジュール終わり。宿舎までの車内で唐突に、実家に帰らなければと思った。翌日から数日間スケジュールがなかったので帰ろうと思えば帰れたが、時刻は21時を過ぎていたので、焦って決める必要はなかった。でも僕の指が勝手に翌日の飛行機を予約していた。母にも実家に帰る一報を入れ、早朝の便で帰国した。

帰国した日は、僕の親友の誕生日当日だった。学生の頃から僕の友人はみんな僕抜きで母と会うほど仲が良かったので、母の手料理と共にケーキを買って家族みんなでお祝いした。久しぶりの宴を楽しんだ後、前日に徹夜で荷造りをしてきた疲れと久しぶりの実家に安心したのか、いつの間にか眠ってしまっていた。

目を覚ますと外は明るかった。既に母の姿はなく、仕事に出かけていたようだったので荷物をまとめて家を出ようと玄関に向かうと、置き手紙があった。思い返すと、まだ連絡手段が固定電話だった時代、仕事で家にいないことが多かった母はよく僕に置き手紙を残してくれた。僕がそれに返事を書くのが、僕らにとってスキンシップのようなものだった。「ご飯チンして食べてね」とか「今日は何時ごろ帰るよ」とか、なんてことない内容だったけれど、母の字を見ると、気持ちでつながっているように思えて、安心できた。

玄関で靴を履き、置き手紙を見てみると「またいつでも帰っておいで。」と書かれていた。なぜか母が目の前で言ってくれているような気がした。その頃、うつ病の症状が悪化していた僕にとって、その言葉は「ここで待っているから、何かあったらいつでも帰って来い」と背中を押してくれているようにも感じることができた。手紙を鞄にしまい、よしっと気合を入れた僕は、母と顔を合わせることなくソウルに戻った。

それから数日後、僕は撮影のため、朝からヘアメイクを受けていた。まだ眠気が残り、うとうとしていると姉から連絡が入った。どうやら母が倒れたらしい。大したことはないとのことで、念のためその日は検査入院をする必要があるとのことだった。五十路を過ぎれば体調も崩すだろうとそこまで気に留めず、母に一通のメッセージを送って撮影に向かった。撮影は順調に進み、少し遅めのお昼を取ることになったので楽屋へ戻る。そして携帯を確認すると、姉から10通以上の不在着信が入っていた。それを見た時点で、全てを悟ったかのような冷静さと恐怖が、心の中で渦を巻く。ひと呼吸置いてから、折り返しの電話を入れた。電話越しの姉の声は正気を失い「死んじゃう死んじゃう」と言っている。人は自分ではどうしようもできないと分かると、空気が抜けたように無になる。そして相手が動転していると、自分がどうにかしないといけないという思いから、俯瞰的な視点が生まれる。結局、何があったのか、原因はなんなのか全く分からないまま電話を切った。

すぐにマネージャーに事情を説明し一番早い飛行機を調べてもらったが、次の日の早朝の便が最速だった。僕はこの時に覚悟を決めた。親の死に目に会えないかもしれないことは、韓国に渡った時から覚悟していたし、そのくらいの覚悟を持って韓国に渡った。だからむしろ、祖母のことが心配だった。足が不自由で、一人で歩くことが難しかった祖母が、実の子どもの死に目に会えないことのほうが僕にはつらかった。すぐに先日誕生日を祝った親友に連絡を入れ、祖母と病院に向かってもらうようお願いした。幸いなことにその日はダンスコンテンツの撮影だったので、心ここにあらずなままでも持ち堪えることができた。残りの撮影も無事に終えた頃には外は暗くなっていた。

楽屋に戻り姉に電話をかけると案外すぐに出た。たくさんのすすり泣く声が聞こえる。姉は、たった今母が亡くなったと言った。聞くと僕が電話をかけた時刻と、母が亡くなった時刻が同じだった。祖母は間に合ったのかと聞くと、間に合ったらしい。それだけで安心した。僕は翌日に帰るとだけ伝え電話を切った。

僕はなぜ急に実家に帰ったのだろう。
母が最後に逢いたいと呼んでくれたのだろうか。
母はなぜ急に亡くなったのだろう。
僕らにも隠していたことがあったのだろうか。
母はなぜあの日に亡くなったのだろう。
ありがとうと言っているのだろうか。
母はなぜあの時刻に亡くなったのだろう。
僕の仕事が終わるのを待っていてくれたのだろうか。
不思議なくらい偶然が重なり、それは母からの最後のメッセージのように感じた。

生きる

誰しも訪れる、大切な人との別れ。
それは「生きる」ということを考える時間を与えてくれる。
生は死に向かい、死は生に向かう。
ロウソクにたとえれば、燃える火の光が生であり、暗闇が死である。
光は暗闇に向かい、暗闇は光に向かう。
大切な人の光が消えた時、人は初めて自分の光を目にする。
そして考える、生きるとは何か。

人は自分という蝋を使い、火を灯す。
蝋は肉体で、火は心と言える。
火は時に消えそうになることもある。

自分の火が消えそうになると、誰かが火を分けてくれる。
誰かの火が消えそうになれば、自分の火を分けてあげる。
分け合うことこそが愛であり、それこそが生きるということではないだろうか。

僕の母が亡くなった時に書いた詩だ。
僕の中に灯る火が消えそうになった時、たくさんの人が火を分けてくれた。自分のことのように悲しみ、僕よりも泣いてくれたメンバーや自分の誕生日に僕の幸せを願ってくれたメンバー、僕のために共に一夜を明かしてくれた友人やそっと見守ってくれた友人。それぞれ方法は違えど、みんなの温かさが僕に生きる意味をくれた。そしてそれが愛なのだと気付かせてくれた。愛があるから行動が生まれるのか、行動があるから愛が生まれるのかは分からないが、そこには確かに愛が存在した。

所持金1000ウォンでも、おもろい人生

夢を追いかけた末に待っていたのは、6600万円の借金だった。

いつ頃からか、僕は会社に対する不信感が大きくなっていた。約束が守られない状況の中で、待ってほしいとだけ言われ続けていた。会社との信頼関係が良好であったなら、僕らは待っていたかもしれない。でも考えてみれば、練習生の時に、会社にあった僕の荷物も必ず返すから待っててほしいと言われたまま、まだ返ってきていない。

会社が目先の利益だけを求める経営を続けた結果、数年間マイナスが続き、僕らは無給で働いた。なんとか改善しようと意見を出しても状況が変わることはなく、そんな経営が3年ほど続いた結果、最終的には給料の未払いで社員はいなくなった。多くのことは語れ

ないが、僕が会社にいた5年間で会社に対する不信感がいい方向に変わることはなかった。そして僕らの精神的な状態も悪化していき、このままでは自分たちが壊れてしまうと思うようになった。

韓国の芸能界は、標準契約書という国が定めた契約書を基に、アーティストと会社が協議を行い契約をする場合がほとんどである。ただ練習生という立場で会社を相手に協議をするのはほぼ不可能なことで、場合によってはアーティスト側が不利になる契約を交わすところも実在する。契約期間も日本の芸能界とは違い、少し長い場合が多いのだが、それは会社がアーティストに対するケア、育成などの投資をする規模が大きいことから、相互に利益をもたらすためには長い期間が必要なのだと思う。

ある時、僕らは会社を出ることを決断する。もちろん理由はいくつもあるが、会社が訴えられたことが一つの原因になったことは確かだ。百歩譲って、会社が訴えられても僕らには関係ないかもしれないが、社員がいない状態でグループを運営できるという保証はなく、僕らに対する説明を求めても答えてもらえない関係がクリーンな関係とは言えないだろう。お互いが歩み寄ろうと努力しない限り良好な関係は築けない。この時、自分のことは自分で守らなければ誰も守ってはくれない、と本能的に感じた。

会社を出ようと決断した時、僕の契約期間はまだ3年ほど残っていたが、契約満了まで体調を崩しながら過ごすよりも、会社を出るほうが僕らには正しい、そう判断したのだ。この時から、契約解除を求める法廷での裁判が始まった。

法的処置を取る際、周りからのバッシングやあることないことを言われる覚悟をしたほうがいいと聞いたことはあった。それなりに覚悟はしていたが、実際に裁判が始まり記事が出ると、その一言一言は、思った以上に心にくるものがあった。それは自分で決めた道なので自業自得と言われればそれまでだが、周囲の関係者にかけられる言葉が僕らの心をさらにえぐった。3年くらい我慢すればいい。会社を出ないほうがお前らのためだ。こういった意見だった。

僕らがどんな環境にいたのか、どんな実態だったのか、分かっているはずの人たちの言葉。ましてや芸能関係者であれば、今の芸能界に広がる闇と呼ばれる部分も知っているはずなのに、その人たちから発せられる言葉に、奴隷のままでいなさい。そう言われているように感じた。

その人たちの本心は分からない。心から僕たちのことを想って言ってくれた言葉だったかもしれない。でもその時の僕らにとってその言葉は、とても冷酷で無慈悲であると感じてしまった。追い打ちをかけるように、裁判官の一言が僕らの考えていた正当性を崩すことになる。「アーティストと会社は親子関係と同じなのではないか。会社の経営が大変なのであれば、アーティスト側が理解する必要があるのではないか」この言葉をどう受け取るかは、この本を読んでくれているあなたに託したいと思う。

　訴訟は1年半以上にも及び、判決は一部勝訴となった。僕らが要求していた契約解除は認められ、被告側が僕らに要求していた損害賠償金約30億ウォン（日本円で約3億4千万円）のうち、約8億8千万ウォンの支払いが僕らに命じられた。残っている契約日数によって、僕は約6600万円の借金ができた。これが法の下した答えだった。

　僕が夢を追いかけた先に借金ができた結果を見た時、会社を出たことは正解だったのだろうか。そして、借金ができた理由は僕たちが悪かったからだろうか。金額という可視化された情報だけを見ると、僕たちに非があったと捉えることもできるだろう。正直言って、とてつもなく悔しい。けれども法の上ではそれが事実になってしまう。ここで僕が間違った事実だと、真実を全て告白したところで、それが変わることはない。ただの感情の争いになってしまうだけだ。だからこの文章も、どこか抽象的で情報が伝わりづらくなってしまっているかもしれない。それでも芸能界にこびりつく不透明な何かを、本という媒体を通して伝える価値は十分にあると思った。答えは僕の中にあり、あなたの中にある。そう信じている。

　話がずれたが、一審が終わってから半年ほど経った頃、突然、僕らの口座が凍結した。

判決に基づき、法的に口座が仮で差し押さえられたのだ。文章で見るとすごく重く感じるが、僕らは笑っていた。まず、夢を追いかけて海外に来たら借金ができたことだけでも笑えるのに、なんの前触れもなく口座が凍結され、クレジットカードも使えなくなり、キャッシュレス社会である韓国で現金生活になったのだから笑うしかないだろう。韓国語で言えば「어이없어」（オイオプソ＝飽きれる）という言葉がぴったりな状況であった。

この日から現金生活が始まったのだが、口座にあるお金も引き出すことができないので、手持ちの現金がない。友人に数万円を借りて、とりあえず日持ちする食材を買った。お米があれば死なないと思ったのだ。当然、その数万円はすぐに底を尽きた。一時の所持金は１０００ウォン（約１１０円）だけになり、どうしたものかと思っていたけれど、周りの友人や知人が食材を送ってくれたりご飯を奢ってくれたりしたおかげで、今日こうしてこの本を書くことができている。助けていただいた方々には、この場を借りて心から感謝を申しあげたい。

人生はおもしろい。

たとえ所持金が１０００ウォンだけになったとしても、なんとかなると自分を信じていれば、必ずいい方向へと進む。

その過程で、正しいとか間違っているとか、良いとか悪いとか、物事を分けてみたり重ねてみたり、試行錯誤しながら自分なりの正解を見つけ出そうとする。そして、問いや答えが混沌としている人生をシンプルに整理しようともがき苦しむ。きっと死ぬまでそうやって生きていく。

だから人生はおもしろい。

メディアは料理人

皆さんは、見えるものが全てだと思っているだろうか。

この場で言う「全て」とは正しさのことを意味するが、例えば、空気がこの地球に存在することは誰も疑わない。でもそれは目に見えていない。ではなぜ、空気が存在することが正しいのだろうか。それは、情報によって可視化しているからだろう。目に見えると人は安心することができる。だから正しさを求める。

でもそこに本当の安心は存在するのだろうか。僕は、安心を求めて信じた先に待っているものは絶望しかないと思っている。何かの情報を安心するためだけに信じるよりも、情報を自分なりの知識に変えた時、その先に安心が待っている。だから受け取る側は情報を選択する技量が必要であると言える。

普段、目にする情報の多くは、メディアを介して受け取ることができる。目に映る情報を選択し、どう受け取るかは人それぞれの自由であるし、情報を伝えるメディアもまた、どう伝えるかの自由がある。ただメディアが事実をどう捉えているかによって、情報の見え方が変わってくる。

実際に僕らの訴訟の記事を見てみると、事実ではない憶測で書いてある記事があったり「メンバーが一方的にスケジュールを拒否した」と書いてあるものも存在した。もちろんそんな事実はないのだが、法廷で被告側の主張として議題に上がったことは確かだ。では、僕がこの本で話してきた内容を一度忘れて、記事の内容だけを見たとする。あなたは僕らのことをどう考えるだろうか。きっと、メンバーに問題がある、メンバーが会社を裏切った、そう判断するだろう。実際、ネットでは僕が挙げたような判断をする人も多かった。

反対に、この本を読んだ状態で記事を読んだ場合はどうだろう。情報を比較してあなたなりの答えを導き出すはずだ。たとえそれが「メンバーに問題がある」という答えのまま変わらなかったとしても、あなたの中で「メンバーが一方的にスケジュールを拒否した」という情報を一度考えたということに意味がある。これは、リテラシーの根本にある「情報を与えられる度に自ら考えること」ともつながってくるのだが、考えて終わるのではなく、その情報を与えているメディアの性質を理解し選択することまでを受け取り側がする必要があると僕は思う。

例えるならば、情報を料理、メディアを料理の提供者と置き換えてみる。料理が出てくるのを待つだけで、与えられた料理も口に入れて飲み込むことしかしない人よりも、料理を作っている人の味の好みを調べ、それを知った上で料理を味わう人では、その料理のことを理解する上で雲泥の差が生まれる。

僕の実感では、料理を味わって自分の感じた意見を言う人は多くても、料理を作っている人の味の好みまで調べている人は少ないように思う。つまり、メディアの性質やメディアがどう捉えているのかを考える人はそう多くないと言うことだ。実際問題、私生活が忙しければ、そんなことまで考えている時間などないと思うかもしれない。けれど各メディアが持っているエンターテインメント性がどのくらいあるのかを知るだけでも情報の捉え方が変わる。

テレビはエンターテインメント性が強いこともあり、ニュース番組を見ても情報を誇張していることが多い。そしてコメンテーターの感情も相まって受け取る側の判断を鈍らす。一方、新聞記事などを見ると、文字と写真で綺麗に要約されているから淡白な受け取り方ができる。どちらが優っているとかの話ではないが、時と場合によって情報の見え方が変わることは確かだから、受け取る側はそれを知った上で判断することが大事だろう。

そうして情報を自分の知識に変えることができれば、メディアやエンターテインメント、さらに言えば社会ともいい距離感を保てる人生が待っていると思う。

Chapter 4
アイドルという人生

表現の宅配屋

アーティストとアイドルの違い。芸術とエンターテインメントの違い。アートとビジネスの違い。芸術家と表現者の違い。これはさまざまな本やインターネットなどで議論されるテーマだ。どれも現代社会におけるあり方を考えるのか、文化的に考えるのかで答えが変わってくる問題だし、定義が曖昧で答えが出しづらいものもある。歌手や画家、その他アートやエンターテインメント業界で働く人なら、一度は考えたり誰かとディベートしたりしたことのあるテーマかもしれない。僕も今まで頭が爆発するくらい考えたけれど、人を説得できるくらいの答えが見つかったのかと言われれば、まだそこまでには至っていない。それでも僕の経験で出せた答えもある。そのお話をさせていただきたい。

僕がデビューして間もない頃は、準備されたものをひたすらこなすことで精一杯だった。準備された服を着て、準備された曲を歌い、準備された言葉を話す。そこに僕の意見はなかった。いわば、マネキンのようにされるがまま状態に見えたかもしれないが、僕の中では違った。準備されたものを自分なりにどう表現できるのか、プロが作った作品を大衆に届ける役割として、どう飾り付けできるのかを考えた。それが作品に対する誠意だと思ったし、精一杯こなすとは、そういうことだと思ったからだ。

レコーディングをする際は、作曲家さんの言う通りに歌えるように努力し、ステージ上では、コレオグラファーさんが作ってくれたフリを正確に踊る。これだけなら僕でなくてもいいだろう。そうではなく、歌詞を僕なりに熟考して表情を付ける。少しずつでも僕という個性をそこで表現する。僕の声で、僕の表情で、大衆に届けることこそ僕にしかできないと思い、それを実行した。

だから僕は、アイドルとは「表現の宅配屋」であると思うのだ。表現するだけではなく、受け取る人のところまでちゃんと届ける、それがアイドルのあるべき姿なのだ。中には、初めから自我を表現しすぎてジャイアン化しているアイドルもいたけれど、それはただの自己満足でしかないし、一番近い存在である関係者を押し切って、自我を出すような人の表現は大衆には届かない。その程度の実力でしかないと、反面教師になったのを覚えている。

それはさておき、アイドルを「表現の宅配屋」とするならば、アーティストは何と言い換えることができるだろうか。まず、アーティストとは芸術家のことで、芸術家とは芸術作品を創造する人のことを言う。だから何かを作り出す人をアーティストと呼ぶが、僕は〝自らを創造し表現を遺す人〟なのではないかと考える。だとすると、アーティストは「表現のコレクター」であると言えないだろうか。自分の表現を届けるというよりは、誰かと共鳴したい、そして自らの思想や感情を遺すために表現をコレクションする。だからアーティストは普遍的感情の表現が必要で、それがいつ誰に届こうが関係ない気もする。

逆にアイドルは大衆的感情を表現し、それを届ける対象が今必要なのかもしれない。双方ともに言い切ることはできないし、どちらの性質もあるかもしれない。それでも僕はこれがアーティストとアイドルの違いなのだと思う。

この違いに僕も悩んだ時期があった。アイドルとして届けることで誰かが喜んでくれれば、それはやる意味があるのに、届けている内容が自分の素直な気持ちではないことに、不誠実な行動をしているのではないかともどかしくなり、アーティストのように自分の素直な感情を表現することへの憧れから、アイドルとしての自分に疑心暗鬼になった。そしてアイドルならこうあるべきという周囲からの圧に心が折れ、感情が壊れかけた時に、アートという表現方法に出合った。だから展示会を開いてアートで本当の自分はこうなんだと叫んだ。多分こうして本を書いているのも、僕が「表現のコレクター」としての気質があるからなのかもしれない。

アイドルとしてどうあるべきか、それはアイドルの定義が定まらない限り、永遠に議論されるだろう。それでもアイドルが「表現の宅配屋」として、大衆に届ける素敵な存在であることは、僕の経験からまぎれもない事実としてお伝えできることだ。僕はこれからも「表現の宅配屋」と「表現のコレクター」として、どちらの素晴らしさも体現していきたい。

努力のその先

「諦めなければ夢は叶う」

この言葉は、自分を洗脳するにはとっておきの呪文だ。僕も10代の頃はこの言葉を信じて夢のために必死になった。でもきっと諦めなくても叶わないことだってあるってことにみんな気付いていているはずだ。

だから僕はいつもこう言っている。

「諦めなければ幸せになれる」

全力で努力すれば、目標が達成できなくても、きっと幸せにはなれる。これは僕の経験から言える。でもこう言うと必ず、どうやって努力すればいいですかと聞かれる。そんなの自分で考えろ（冗談）とも思うけれど、僕の考える努力について少しお話ししたい。

努力には2種類ある。まずは「知る努力」だ。これは努力と聞いた時に思い浮かべるそれとも言えるが、簡単に言えば、自分の好きなことを知る努力をすると言うこと。スポーツでも、芸術でも、研究でも、どんなことも練習や勉強をする時間が長いだろう。でもそれは当たり前のことで、全てはひらめきを求めてやっていることだからだと思う。

ひらめきとは言い換えればインスピレーションのことだが、頭の中でパッと何かが思いつく時、それを表現できる技量がなければ、ひらめきがただの妄想で終わってしまう。例えばサッカーをする時、頭の中でひらめいたイメージがあって、その通りに体を動かせばすごいプレーができそうだと思っても、イメージ通りに体を動かすことができなければ、想像したプレーはできないだろう。天才でない限り、基礎知識が分かっていない人のひらめきはここでゴミとなって消える。

前チャプターで、知識は情報を自分なりに考え、答えを出すことだとお話ししたが、これこそまさに、知る努力をするからこそ可能なのであって、この努力こそが宝石がゴミになるのを防いでくれる。このような話は色んな人がしているから知っている人も多いかもしれない。でも僕は「知る努力」とは別に、もう一つの努力も同時進行できた時「諦めなければ幸せになれる」が現実のものになると思っている。それは「楽しむ努力」だ。

僕は僕の人生で、どんな時も楽しむ努力を怠らなかった。それは物事を軽々しく考え、ボケーッと生きてきたということではない。むしろ物事に真剣に取り組んできたといえる。

韓国に渡って言葉が通じず大変だった時も、練習室が突然なくなった時も、ダンスも歌も韓国語もついていけなくなった時も、番組に全然映らなかった時も、デビューして寝られなかった時も、グループが解散した時も、うつ病になった時も（ごめん、さすがにこれは嘘）、借金ができて明日食べるものがなかった時も、いつもいつも楽しもうと努力した。周りは愚痴ばっか吐いていたけれど、僕は今の状況をどうやったら楽しめるかに集中した。

それは今に集中するということでもある。過去とか未来とか、もっと言えば昨日とか明日とかを考えずに、今日の今この瞬間に全力になる努力をした。そうやってどんな環境でも、どんな状況でも楽しむ自信がつくと、苦しむことへの恐怖が薄れ、チャンスに飛び込んでみようという勇気が芽生えた。そして運が僕のところにやってきてくれた。いつも楽しんでなんかいられないし、たまにズーンと落ちる時もある。2ヶ月間ベッドから起き上がれなくなる時もあった。そんな時は諦めた。

こうやって目標地点まで「知る努力」と「楽しむ努力」を全力でしていくと、たとえ自分の望む目標地点に行けなかったとしても、必ず次の道が見えてくる。そしてその道が望む方向ではなかったとしても、また全力になっていると、いつの間にか幸せな自分がいることに気付くだろう。

僕はたまに韓国でアイドルをする理由は何かと聞かれる。前はK－POPから夢をもらったから僕も夢を与えたい、とか言っていたけれど、そんな特別なことではない気がしている。もちろん今言ったことも事実だけれど、最近になって思うのは、努力の先に何があるのか、僕自身で確かめてみたいからなのだと思う。それは目標の大きい舞台に立って、その景色を確かめたいという意味ではなくて（これも確かめたいけれど）、僕だからできることを実験みたいに試した先に、どんなものができあがるのか見てみたいという表現が一番近いのかもしれない。

今までは、白の絵の具に黒の絵の具を混ぜたらどうなるのか、既に誰かが出している答えを、自分でやって確かめてみたいと挑戦して来た感覚だったのが、今の僕は、青の絵の具に黄色の絵の具を混ぜたらどんな色になるのか、さらにその先も手を変え品を変えて、たくさんの結果を見てみたいという感覚に変わったのだ。

例えば日本にいながら日本人が服を作るのと、日本人でありながら韓国で服を作るのでは見え方も意味合いも変わってくる。韓国で作れば韓国人の反応も見られるし、それを日本に持っていけば日本人の反応も見ることができる。それを見たいのかもしれない。いやなんか少し違う気もするが、今の僕にはこの表現が限界なのだと思う。いつかまた、この話の続きをできる時までに、もっといい表現方法を知る努力が必要みたいだ（笑）。

個人的な話になってしまったが、これが僕が韓国でアイドルをする理由である。きっと僕が見たいものを全て見ることができれば、突然韓国から姿を消すかもしれないが、それまでは日本人K-POPアイドル髙田健太として、たくさんの方にお世話になるつもりだ。そして、努力のその先にいる、幸せな自分に会うために僕は諦めない。

成功を捨てろ

僕のアイドル人生、スタートから数字で評価されてきた。そこで常に言われてきた言葉がある。それは「成功したね」という言葉だった。デビューしたら成功したねと言われ、音楽番組で1位を取れば成功したねと言われた。その言葉を言われるたびに、僕の中で成功とは何かを考え、答えを探す。でも結局は見つけることができなかった。それは、僕が「成功＝幸せ」だと感じていなかったからだと思う。

まず、成功とは人それぞれ大きさも形も違うのに、みんな同じであると潜在的に思っている人が多いことに違和感を覚え、それを押し付けようとする人たちにはいらだちも感じた。多分、成功という簡単な判断材料で評価されていると思ってしまったからだろう。インタビューでも、成功した秘訣は何ですかと聞かれるたびに、この人は何も考えていないんだなと呆れてしまうほど、成功という言葉で僕の人生を片付けようとすることに誠意を感じられなかった。

でも考えてみれば、成功の成功例はこうだ、というプロパガンダを社会や学校が行っているから、僕らは自然と「すごいことをしてる人は成功してる」みたいな曖昧なニュアンスでしか成功を捉えられなくなっているのだと思う。ではもし僕がデビューをしていなければ、成功した人ではなかったのだろうか。大学に通ったことのない僕は、成功した人ではないのだろうか。それは違う。僕は一瞬一瞬を一生懸命に生き、目標を達成しただけだ。言い換えるなら、努力の先に成し遂げただけだ。だから成功という曖昧な言葉は捨てるべきだ。

他利他欲

10代の頃は、誰かといればなんでもできると思っていた。友達といればふざけるのも怖くないし、大人にも勝てると本気で思うほど怖いもの知らずだった。世間一般でいう中二病をこじらせていたその時期は、私利私欲で人を傷つけてしまうこともあった。そういった言動は、自分自身を守るための鎧のようなもので、常に何かに反抗しては自分の存在意義を見つけていたのだと思う。

誰かといれば怖くない、なんでもできる、と思うのは過去の僕だけに限ったことではない。例えば、言語の習得のために海外留学に渡る人の話でよく聞くのは、日本人とばかりつるんでしまい、結局のところ言語上達できないまま帰国したというケースだ。これにはさまざまな要因があると思うが、コミュニケーションが取れない居心地の悪い環境で、自分を守るために日本人のコミュニティを探し、部外者であるという弱さを隠そうとする気持ちが、本当の目的から逸れさせてしまう。そうやって居心地のいい場所に行きたがるのは、人が常にどこかに「所属」しているからであって、そのテリトリーから外れた時に責任を感じるからだと思う。

もう少し噛み砕いて話すと、「〇〇として」という言葉を聞いた時に、目には見えない重圧と責任感を感じないだろうか。社会人として、男として、日本人として…。「〇〇として」という言葉は、お前の「所属」はここだと僕らに提示すると同時に、その一員である責任を持ちなさいという想いが隠れている。だから人は自分の「所属」から外れることに恐怖を感じたり、逆に自分の「所属」している場所に戻りたくなる。そして若い頃は、そういった責任というものへの反発心から反抗的な言動をとってしまい、友達といる時だけ強気になってしまったりするのだと思う。ただ、そんな時期に「所属」の中から外れて、自分自身と向き合うと、人は生きる意味を見つけることができる。

僕は20歳の時に日本を出て、自分でどうにかしなくてはいけない環境の中で、自分と向き合う時間が増えた。20年間の人生で培ってきた常識が壊されたことで、自分の存在意義を改めて探すことになり、その過程で自分なんて何もできないと自己否定する時間も増えた。言葉も常識も通じないからこそ、自分という存在がはっきり見えてくる。そして客観視するようになる。この経験から、自分が思っていた明るい自分は、自分の中にある暗さを隠すために作り上げられた偽物の自分だったと知った。

そして自分という存在を愛でるようになった。実際には5、6年ほどかけて、徐々に自分を愛するということを理解していった。こうして自分を傷つけ、自分を愛することを学んだことで、いつしか一人で動くということに恐怖心がなくなっていったのは、何事もどうにかなると自分自身を信じられるようになったからだと思う。そして自分を信じ自分の世話をできるようになった僕は、おのずと周囲に目がいくようになった。今、自分が属するグループでどういった立ち振る舞いをするのがいいのか、グループを支えてくれるスタッフチームに足りないものは何か。自分がその人たちのために何ができるのか。周囲を把握し、自分の立ち位置やするべきことを見つける余裕ができたことで、他人のために動くことへの大切さを知った。

時には、自分がこの中で一番目立ってやるだとか、誰よりもお金を稼いでやるだとか思ったこともあったけれど、業界を見渡すとメンバーを蹴落とし、チームのスタッフを傷つけてまでも我が道を歩んでいる人がいて、そんな私利私欲の使い方を間違えている人たちの末路を見ると、僕の気付きが間違いではなかったと思えた。

他利他欲という言葉は、僕のメンターともいえる人生の先輩から教わった。私利私欲は、自分の利益だけを考えて行動することを言うけれど、その反対で他人の利益のために行動すること。この生き方をしている人は今この地球にどのくらいいるだろうか。あなたは、自分が「所属」する場所で、その一員として周囲のために生きているだろうか。規模感は関係ない。家族という規模で見れば、パートナーのために、子供のために、親のために生きているのか。会社という規模で見れば、お客さんのために、チームメイトのためにどんな行動をしているのか。社会のために、人間のために、あなたは何ができているだろうか。

僕は地球のために生きろと言いたいわけではない。僕たちが生きる上で、他利他欲に生きるということは私利私欲に生きることであるということ。他利他欲に生きることが結果として自分の利益になっている生き方を模索する必要があると僕は思うし、特に若い方には、自分とたくさん向き合って自分を傷つけてほしいと思う。歳は関係ないけれど、歳を重ねると自分を傷つけたまま取り返しのつかないことになる可能性が高いから。そして自分の生き方を変える覚悟は年々怖くなっていく。だから少しでも若い時に自分を認め、分け隔てなく他利他欲に生きてほしい。これこそが本当の意味でのグローバルであり、これからの時代のあり方だと僕は思っている。

届ける

何もかも疲れてしまっていた時期があった。そんな時にいきなり二日間の休暇ができた。その当時、二日連続で休暇がもらえることなどなかったので、どこかに行かなければと感じた僕は、気付いた時には石垣島行きの飛行機を取っていた。今考えても、なぜ石垣島だったのかは謎だけど、とにかく呼ばれた気がした。

何をするとか、どこに行くとかは何も決めず、宿泊先だけを決め、小さいキャリーケース一つ持って旅立った。その頃はありがたいことに、街中で気付いていただくことも多く、そうなると「アイドル髙田健太」としての振る舞いをしなければと気を張ってしまい「人間髙田健太」として物事を感じ表現することが怖くなってしまっていた。だから僕のことを知らない人と「人間髙田健太」として出会ってみたい。そして、そこで自分が何を感じどんな事を考えるのか、何のフィルターも通さずに知りたい。そう思い、素性を隠してゲストハウスに泊まった。文章で見ると、突拍子もない身の程知らずな大スター気取りに思えるかもしれないが、当時の僕は本気だった。

島に到着すると、風の流れも日差しの温もりもフワッと僕を包み込むように、よく来たねと言ってくれているように感じた。ゲストハウスに到着しドアを開けると、一人の男の子が出迎えてくれた。スラッとした身なりで、程よく焼けた顔をクシャッとさせて、こんにちはと明るく挨拶してくれたその子は、僕と同じ八重歯が光っていた。どこから来たんですかと聞かれ、韓国からですと答えると、アイドルみたいですねと言われた。内心バレるんじゃないかとドキドキしながら、留学生ですと適当な返事をした。

チェックインをしながら話をしていると、その日は週に一度開催されるたこ焼きパーティーの日らしい。ぜひ参加してほしいとお誘いをされたが、あまりにもキラキラとしていて、普段人見知りしない僕が人見知りしてしまっていた。参加は自由ということでその場では答えを濁し荷ほどきをした。街を散策しようと外に出ると、日が沈み始めていたので眺めながら何も考えない時間を過ごした。

どんどん街が暗くなるほどにお腹も空いてくる。ふと時計を見ると、たこ焼きパーティーの時間になっていることに気付いた。急にたこ焼きが食べたくなったので、参加しようとゲストハウスに戻った。リビングに行くと、地元の中学生やゲストハウスのスタッフ、宿泊している客が十数名集まっていた。なぜかＫ－ＰＯＰが流れていて、友人の曲も流れている。一瞬バレたのかとヒヤヒヤしたがそうではなさそうだった。

それぞれが自己紹介をして、たこ焼きを食べながらそれぞれの生い立ちなどを話す。チェックインの時に会った男の子の話を聞くと、名前は司、歳は21歳、香川県出身でパティシエの勉強をしていたらしい。今は自分のお店を持つことが夢だと、自分で作ったケーキを振る舞ってくれた。僕よりも四つ年下の子の行動力に刺激を受けた。そしてもう一人、埼玉県から移住した航平さんの話を聞くと、石垣島の自然を守るための活動をしているらしい。みんな僕と同じように呼ばれるように石垣島に来て、心地がいいとそのまま移住してしまったという事実を聞いてうらやましくなった。それは自分のやりたいことを素直に表現し、それが誰かのためになっていると実感しているように思えたからだった。

もちろん僕もアイドルという活動に誇りを持ってやっていたし、僕の活動を通して勇気ももらっただとか、生きる糧になっているといった言葉をかけていただくことも多かった。でもいつも自分という存在がずっとどこか遠くにいる感覚があって、僕の経験から感じた素直な気持ちを表現しそれが誰かのためになっているといった体験ができていないから、どこか他人事のような素直に喜べないところがあった。

油と水を混ぜようと思っても分離してしまうように、僕の中にある素直な感情と、そんな自分を隠さなければならないという事実が乖離している状態が僕を苦しめていた。だから誰かのためになっていると心から感じたいと思ったのかもしれない。
最終日になり、司っち（急速に仲良くなり勝手に付けたあだ名）と他のスタッフの子たちと居酒屋に行った。本当は最後まで自分の素性は明かさずに帰るつもりでいたけれど、一緒に過ごし色々な話をする中で「人間髙田健太」として素直な感情をたくさん感じ、それを共有できたことがとても嬉しかった。この縁がこの場所だけで終わってしまうのが嫌だと素直に思えたこと、そしてこの人たちなら僕が誰だとか関係なくこれからも付き合っていけそうな気がした僕は、アイドルであると伝えた。最初はビックリされたが、だからといって僕を利用しようだとかそういったことは微塵も感じなかった。

それから2年ほど経った頃、僕は日本で展示会を開催した。偽りのない僕の気持ちを素直に表現し、それを伝える場所を作りたかった。石垣島で出会った司っちは、2年の間に自分の店を香川でオープンしていた。有言実行する彼とこの展示会で何か挑戦してみたい、そう思った僕は、彼のお店で作っているカヌレと僕の展示会のテーマであった「人生の光」を掛け合わせた、味覚で感じるアートの開発をすることにした。彼は二つ返事で承諾してくれたので、準備をしに香川まで足を運んだ
その時、たまたま石垣島から遊びに来ていた航平さんとも2年ぶりの再会をすることに

なった。航平さんはその日のバスで帰るとのことだったので、バスが来るまでの数十分、色んな話をした。その中で、自然と共に暮らしさまざまな問題に自ら立ち向かう彼の活動の先に何があるのか気になった僕は、なぜそう生きるのか聞いてみた。するとこう返ってきた。

「俺は俺の行動で人を変えたいんじゃなくて、俺の行動の先で受け取る人の人生や価値観がどう変わるかを考えて行動している。だから表現したり伝えることが目的じゃなくて、伝えた先で受け取った人がどう生きてくれるかが重要なんだ」

僕はハッとさせられた。ただ表現し伝えるだけでは、ただの自己満足にすぎない。例えば、プラスチックの削減のためにプラスチックを再利用した雑貨を販売するだけでは、その雑貨が捨てられてしまえば削減にはならない。その雑貨を買ってくれた人がどう考え、プラスチック削減のために動いてくれるのか、その人の価値観がどう変わるのかを考えて動くことが本当の意味で届けるということなんだと気付いた。ちょうど展示会の準備をしていた僕にとって、重い課題を課せられた気がした。

航平さんに別れを告げ、自分なりに表現したいものがどう伝わり、その人の人生がどう変わっていくのかを想像しながら残りの準備を終えた。結果、カヌレをはじめ、展示会は素晴らしいものになった。それは僕が届けたかったものを、たくさんの方に受け取ってもらえたからだったと思う。

受け取ってくれた人の人生がどう変わったかは分からないけれど、僕はこの経験を通して、届けるという意味を知ることができた。そしてずっと乖離していた「アイドル高田健太」と「人間高田健太」が一つになった気がした。僕の表現するものが「アイドル高田健太」としてでも「人間高田健太」としてでも、僕が届けることに変わりはないということに気付けたからだと思う。

未完成

僕は僕のことを知りません。きっとあなたもあなたのことを知らないでしょう。

昨日のあなたは美しいものを見て喜んでいる自分を知ったでしょうし、今日のあなたは何かに対してイライラし、そんな自分を知ったでしょう。完璧に自分自身を知ることは、ブッダやキリストでなければ難しいことです。だから人は自分の知らない自分を知るために理想や夢を追いかけて、またその先に未完成の自分がいることを知ります。

僕自身も、ずっと未完成な自分を嫌い、そんな自分を隠そうと努力し、隠していたほうが生きるのが楽だと思っていたこともありました。終わりのないかけっこに自信をなくし、僕「なんて」と縮こまっていたら、丸くなったダンゴムシみたいに、自分の力で前進することができなくなってしまい、コロコロと転がるだけの人生に悲しくもなりました。

それでもある時、理想も夢も自分自身も、完璧は存在しないんだと気付いたのです。完璧は誰かが作り出した偶像にすぎない。僕の中の完璧は未完成な自分であることだと。そして自分のことを知り尽くさなくても、それでいいんだと思えたことで、僕「なんて」と一歩踏み出せずにいた僕が、僕「だから」だと前を向くことができました。

もちろん自分を知ることは大切です。自分自身のことは責任を持って知るべきです。でもだからといって、自分にないところばかりを見て落ち込んでしまうのではもったいない。僕「だから」できることがあるように、あなた「だから」できることもあるはずです。日常の些細な出来事に自分がどんな気持ちになったのか、自分は何が好きで何が嫌いなのか、そこにきっと答えがあるはずです。

僕だから

ある時、アイドルなら自分の気持ちを表現しないほうがいいと言われたことがある。確かに影響力があればあるほど自分の意見を包み隠さずに表現することが危険になる場合もあるし、自分の意見で見ず知らずの人の人生が変わってしまう可能性もあることに責任を持つ必要はあるだろう。

ただ僕は、アイドルは歌手であり表現者だと思っている。だから表現する者として、表現の本質を無視してはいけないと感じた。昔の人が喜びを踊りで表現し、祝祭や儀式の際に祈りを込めて音を奏でたように、僕は僕の経験や感情を表現していく必要があるし、その価値があると確信している。

冒頭のアドバイスを僕に話してくれた人はアイドル経験者で、その人いわく、自分のイメージを守るためにはそうする必要があると言っていたけれど、それでは表現者ではなくただの機械になってしまう。準備されたものをただ表示するパソコンの画面のように無機質なものになってしまっては、歌を歌おうが、ダンスを踊ろうが、情報の伝達をする役目でしかなくなってしまうことに僕は違和感を覚えた。言ってしまえば、ＡＩが歌い踊るのと何ら変わりない。僕らは人間であるからこそ、無機質でない温かみを伝えることができるし、感情を届けることができる。

そして過剰にイメージばかりを気にすることは、単なる〝逃げ〟だし挑戦的ではないとも思う。僕が韓国に渡るという挑戦をしたこと、僕が本を執筆するという挑戦をしたことが、結果的に誰かのためになると信じているし、それこそが僕の価値だ。

これからも僕は日本人として韓国で挑戦していく、それが僕だからできることだと信じて。

スペシャル
対談企画

古家正亨さん

K-POPの当事者と観察者が語るディープでリアルな韓国エンタメTalk

Profile
地元・北海道でラジオDJとしてキャリアをスタートさせ、20年以上前から日本におけるK-POP人気の定着に尽力してきた第一人者。数多くのK-POP・韓流ドラマイベントでMCを務めており、韓国エンタメファンなら知らない人はいないと言われるほど。著書に「K-POPバックステージパス」(イースト・プレス)などがある。

＊諸説あるが、各K-POPグループはデビュー年度によって第1世代（1990年代後半〜2000年代前半）、第2世代（2000年代前半〜2010年代前半）、第3世代（2010年代前半〜）、第4世代（2019年頃〜）、第5世代（2023年頃〜）に分類される。

健太　古家さんは、僕が日本人唯一の練習生として出演していた「PRODUCE 101 Season2」をどう見てくださってたんですか？

古家　日本人とか関係なく、この子は絶対に残るなって思ってました。

健太　えー!?　何その話！(笑)

古家　こういうキャラクターの子が韓国のオーディション番組に出るっていうのは、誰も想像つかなかったんじゃないのかな。クール系じゃなくて、ピリピリした空気感を変えられるようなハートフルなキャラクターって、番組を制作する側からしてもほしいんですよね。これまでの流れから考えるとデビューは難しいかもと思ったけれど、何かしらの形で芸能活動はしていくんだろうなって思ってました。でもまさか、それが派生グループだとは思わなかったけどね。

健太　それは僕たち自身も本当に想像してなくて、ありがたいことにファンの方たちが熱く応援してくれたおかげで、JBJとしてデビューすることになりました。そして、日本のイベントで憧れの古家さんにMCをしていただいたわけです。僕はあの時、夢が一つ叶ったと思いました。日本人に限らずK-POPアイドルにとって古家さんという存在は、芸能人が芸能人に憧れるみたいな感覚。僕たち第3〜4世代（＊）のK-POPアイドルにとってベースを作っていただいたとも思っているので、古家さんとご一緒するってなった時はめちゃくちゃ緊張したし、本当に嬉しかったんです。

古家　これは今だから言えるけど、僕が個人的に連絡先を交換したスターは健太くんが初めてなんですよ。そもそもLINEすら使ってなくて、未だにうちの奥さんとはショートメールで連絡してるくらいだから(笑)。

健太　僕も本来は、ご迷惑かも…とか考えちゃって自分から連絡先を聞いたりできないタイプなんです。でも古家さんとご一緒する機会が増えて、古家さんの醸し出す雰囲気がステージ裏でもすごく温かったんですよね。

古家 ここは是非、書籍に載せてください(笑)。

健太 JBJ95になってからは会社のミスとかもあって、余計に神経を使わなくちゃいけないことが増えました。そのせいで現場でもピリピリしていた時に、古家さんから「大丈夫？ 最近どう？」と声をかけていただいて、これじゃだめだって気付けたんです。客観的にK-POPを見てる古家さんだからこそ聞けることもあると思ったし、今しかない！と意を決して連絡先を聞きました。そしたらなんと、逆に古家さんからご飯に誘っていただいて。

古家 業界関係者の方は知っていると思うけど、僕は年に2~3回くらいしか会食をしないんですよ。

健太 そうなんですか!? その中の1回が、あのb・i・l・l・s？(笑)

古家 原宿のb・i・l・l・sでね(笑)。

健太 オープンと同時に入って、パンケーキ食べながら、めっちゃ重い話しましたよね(笑)。

古家 そうそう(笑)。僕自身、約20年前からバッシングにあいながら日本で韓国のエンターテインメント紹介してきたその道のりは、決して簡単なことではなかったですし、信じていた人に裏切られたことがあまりにも多すぎて(苦笑)。それでも困った時に支えてくれた人がいたことで乗り越えられたから、僕も恩返しするつもりで、少しでも力になれるならと思って連絡を取ろうと。韓国の芸能界の場合、過酷な環境で働いているのはマネージャーさんはじめ、周りのスタッフさんも同じじゃないですか。しかも、入れ替わりも激しいですし。同じスタッフさんと歩みを共にすれば、色々と相談できるだろうけど、それができないのもつらいよね？

健太 はい、それこそマネージャーさんってアーティストにとって一番近い存在じゃないですか。それなのに1グループで三人とかいるマネージャーさんがどんどん入れ替わっていくので、そこでの負担みたいなものはありますね。当然、メンバーも自分のことでいっぱいいっぱいになっちゃいますし。

古家　みんながキャパオーバーなんだよね。最近になって、ごく限られたトップクラスのアーティストしか成功できないことが分かってきて、韓国国内ではアイドルを目指す子がかつてほどではなくなってきているじゃないですか。それでもやっぱり韓国に行けば世界的スターになれると思って、日本人の練習生はどんどん増えてる。ただ、デビューできたとしても葛藤は多いと思うし、日本に帰りたくても契約の問題で帰れないとか。そういう現実があるということに向き合うべき時が来てるのかなとは思うよね。

健太　僕が最近すごく感じるのが、SNSリテラシーみたいな感じで〝アイドルリテラシー〟が今後必要になってくるんじゃないかなって。それはアイドル本人というより、アイドルをプロデュースする会社や応援するファンの人たちが気を付けなければいけないことです。K-POPの規模感が大きくなりすぎたことで、地球の裏側にあるブラジルやアメリカでも韓国と同じシステムが通用するようになって、例えば韓国式の距離が近いファンサイン会をどの国でもやるのが当たり前っていう時代になってるけど、当然そこに伴う危険性がたくさんあるにもかかわらず、その部分を会社やファンが深く考えていないというのが大きな問題だと思うんです。このリテラシーの部分

について、現状はまだマニュアルのようなものがないから、心の病になったり自ら命を絶ったりしてしまう。それって人間の本質として絶対にあってはならないはずなんです。世界のＫ・ＰＯＰとしてグローバル化されてる時代だからこそ、もっと小さい枠組みで見てルールを決めていかないといけない部分だと思います。

古家　世の中の評価の尺度が数字ばかりに偏っているせいで、リテラシーが失われている面もあるよね。例えばＳＮＳでもフォロワー数ばかりに気を取られて、その人が発信しているコンテンツの中身や質までは評価されないじゃないですか。そうなると、もう数を増やすための努力しかしないから、そこにリテラシーがなくなるわけですよ。炎上させたり、自分のプライベートを売れば売るほどフォロワー数は増えるけど、それって結局、自分自身を犠牲にしているわけで。その辺のコントロールを本来なら所属事務所がすべきなんだろうけど、むしろ率先してやりなさいって言うケースもあって。結果キャパオーバーになっちゃって、気付いたらＳＮＳ恐怖症になってることもあるから。

健太　Ｋ・ＰＯＰのグローバル化が進んで巨大な一つのジャンルになりましたけど、このままいくとＫ・ＰＯＰ界が一度崩壊して縮小し、それぞれのジャンルに分けた良さをみんなで再確認する時代になっていくんじゃないかなと思います。だからこそ、僕も〝自分とは何か〟というのをすごく模索していますね。

古家 そうなると、海外市場で一番影響を受けるのは日本じゃないかな。僕も含め、これまでK-POPや韓流といった枠組みの中でビジネスしていた人たちにとっては、これから先の10年は難しい時期になってくるんじゃないかと。でも本当のグローバル化っていうのは、KとかJとかっていう枠組みはもはや必要ではなくて、音楽だとK-POPというジャンルではなく、アーティストそのものが評価されることを指していると思うんですよ。もう、そんな時代になりつつあるよね。

健太 すごく分かります。それが個展「MADE in KENTA」の始まりでもあったんですよね。K-POPだからこう、J-POPだからこうじゃなくって、どんどん〝自分〟というもので世界に向けて勝負する時代になっていくと思うし、それが古家さんのおっしゃった通り、本当の意味でのグローバル化だと感じます。

古家 発信ツールはいくらでもあるし。

健太 だからこそ、今後K-POPを目指す子たちにとっては「自分らしさ」や「自分だから」といった要素が、より重要になってくるんじゃないかなって思います。

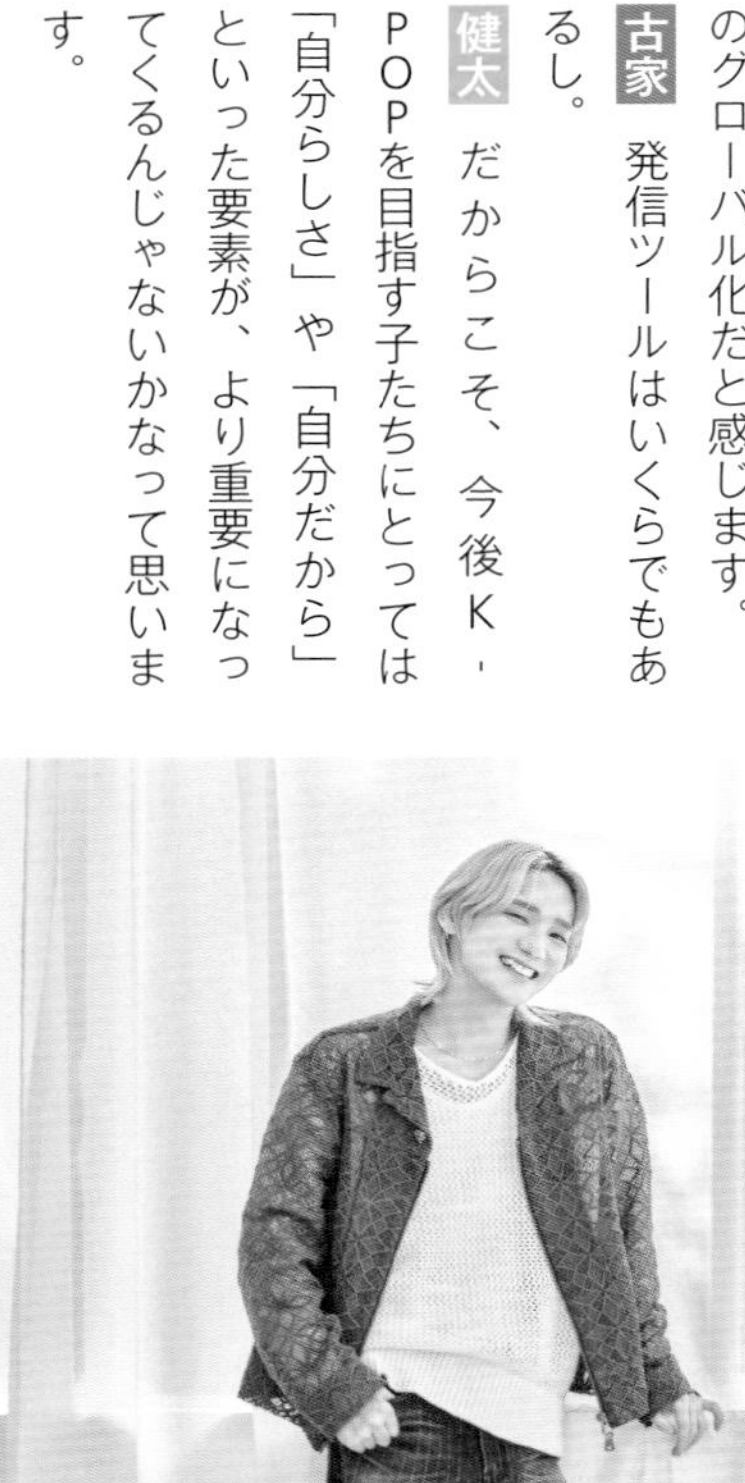

スペシャル
対談企画

ONF Uさん

日本人K-POPアイドルとして活躍する友人同士の思い出を振り返る仲良しTalk

Profile
2017年8月に、ONFのメンバーとして韓国デビュー。ダンスパフォーマンスに定評があり、韓国人メンバーの兵役による活動休止期間中は、ダンスサバイバル番組「Mbitious」(Mnet)にソロで出演して存在感を発揮。2023年10月にはミニアルバム「LOVE EFFECT」でONFとしての活動を再開した。

健太　ゆーちゃん（Uさんの愛称）との出会いには秘話があって、2019年の〝アイドル運動会〟（K-POPアイドルが出演する韓国MBSの人気番組）で、たまたま隣の席だったんだよね。その時、まだ仲良くなる前だったけどお互いに存在は知ってたから、意識しちゃって（笑）。

U　なんなら「ケンタ」って名前のゼッケンもつけてたから（笑）。でも大抵の場合、日本人だからといって何かしらつながりがないと話しかけたりできないんですよね。

健太　そうそう。ファンの方も見てる場だから、挨拶して何か憶測を呼んでもよくないしね。だから僕は内心「あれ？　Uって子、日本人だよな？」と思ってた（笑）。そういうところで日本人らしい一面が出ちゃう（笑）。

U　放送局とかですれ違う時も、お互いに日本人と分かってても面識がなければ「アンニョンハセヨ〜」って挨拶しますしね（笑）。

健太　その後、2020年度くらいに初めてプライベートで会って。だから仲良くなったのは結構最近だよね。ぶっちゃけ、僕の第一印象はどうだった？

U　仲良くなる前はすごく優しそうだなって思ってたんですけど…実際に会って話してみると、本当に優しくて。

健太　怖い怖い！（笑）　優しそうだったけど優しくなかった、っていう流れかと思ったよ（笑）。

U　（笑）。韓国で活動するにあたって日本人の友達がいたらいいなと思ってましたし、めっちゃ話しやすかったですね。

健太　僕のゆーちゃんへの印象は、とにかく「若！」って感じでした。4歳離れてるのって、アイドル界では結構な差だから。

U　でも僕のグループ（ONF）には、健太くんと同じ95年生まれのヒョン（韓国語で「お兄さん」の意味）が二人いるんですよ。だから年齢がめちゃくちゃ離れてるっていう感じではなかったです。

健太　出会いはそんな感じで、そこからどうしてこんなに仲良くなったんだっけ？

U 僕たちの家がめっちゃ近かったんですよ。

健太 あ~、そうだそうだ!(笑)

U 大体みんな家が遠かったりするんですけど、健太くんはすごく近所に住んでて、それは大きかったですね。しかも僕が一回引っ越した後は、さらに近くなって(笑)。

健太 やっぱりみんな忙しいから「今から会える?」っていうノリで会える人が貴重なんだよね。それができる距離だったからこそ、ここまで仲良くなったのかも。

U ONFのメンバーが軍隊へ行って活動をお休みしている間に、健太くんが家に遊びに来てくれたこともありましたね。

健太 たしかソルラル(韓国の旧正月)の時で、引っ越し祝いのトイレットペーパー持っていかなかったっけ?(笑) その時に、肉じゃがを作ってくれたよね。

U 韓国に住んでると、肉じゃがみたいな日本の家庭料理って食べられる所があまりないじゃないですか。それで以前、自分で初めて作ってみたら満足できる味だったので、健太くんに作ってあげたいなって思ったんです。

健太 優しすぎない?(泣) 本当にびっくりしたし、クオリティもめっちゃ高くて本当においしかった! しかも肉じゃがだけじゃなくて、切り干し大根とみそ汁もセットの定食みたいな感じで作ってくれて。その直前に日本に帰国してたとかで、冷蔵庫に日本の調味料がたくさん入ってたの覚えてる(笑)。昔からよく自炊してたの?

U 料理は、メンバーが軍隊に行ってから始めました。

健太 え、それであのクオリティだったの!? すごいわ、絶対センスあるよ。ちなみに僕は日本で料理学校に通ってたけど、料理の実力は既にゆーちゃんに負けてます(笑)。あと、おうちもすごく綺麗だったのが印象に残ってる。ちゃんと掃除しててインテリアにもこだわってるみたいだったし、何よりクリスマスツリーまで飾ってたよね!? 一人なのに!(笑)

U (爆笑)

健太 僕だったらそんなこと絶対にできないし、掃除も自分の部屋しかやらない(笑)。4歳下とは思えないくらい自立してるよ。

U それは、中学3年生くらいで親元を離れて韓国へ来たからっていうのも大きいと思います。

健太 韓国在住歴は僕より先輩だもんね。何年目?

U 10年目くらいですね。あとは、もともとの性格もあると思います。綺麗好きなのと、家の雰囲気がいいと落ち着くじゃないですか。

健太 だとしても、なかなかできないよ(笑)。こんな感じで見習いたいなと思うところもたくさんあるけど、お互いにテンションも似てるし、最初からすごく波長が合ってた気がするなぁ。

U 僕も同じです。健太くんはすごく話しやすいから、悩みがあれば相談したいと思える存在。聞き上手だし、アドバイスもめちゃくちゃいいこと言ってくれます。

健太 嬉しい(笑)。僕としてはアドバイスしてるというより、日本人同士、やっぱり共感できる部分が多いんだよね。あとONFって僕にとって唯一の同期だから。JBJがONFの2ヶ月後にデビューしたんだけど、同じ時期にデビューして同じ日本人でっていうのは大きかったかな。同じ時期にデビューしてるから、グループの流れとか悩みも大体似てるしね。

一応僕のほうが4歳年上だし、自分が昔、先輩とかに相談に乗ってもらったように、少しでも力になれることがあるんだったらやりたいなっていう気持ちはあるけど、何よりゆーちゃんがそう思わせてくれる人柄なの。ユーモラスな部分もあるし、とにかく毒がない。例えば、ちょっと嫌なことがあった時でも、それを愚痴っぽく話すんじゃなくて「こういうことがあったんですけどウケません？」みたいな言い方をするじゃない？（笑）そういうところも、一緒にいて面白いなって。だから何かアドバイスしたくなっちゃうし、おこがましいけど、可愛い弟みたいな感じ。逆にさ、「健太くんのここがいい」みたいなのある？　とかいって、自分から聞いちゃうタイプ（笑）。

U 少し前に、放送局でたまたま会って話したことがあったじゃないですか？　その頃、忙しくてあまり連絡できてなかったんですけど、健太くんから先に「ゆーちゃん、今ここいるよね？　僕もいるよ」って連絡をくださって、それがすごくありがたかったんです。しばらく連絡しないと、そのまま連絡しづらくなって疎遠になることもあるから、そういうところも考えてくれてるんだろうなと思って、感動しましたね。

健太 日本でも韓国でも、芸能人でもそうでなくても、連絡先を交換したけど特に何もな

いっていうパターンも多いじゃない？ そんな中で、僕も最近は忙しくなっちゃって前みたいにしょっちゅう連絡ができなくはなってるけど、ゆーちゃんがそう思ってくれてるってだけでもすごくありがたいよ。

U さっきも話に出た通り、やっぱり同じ時期にデビューしたことで共感できる部分も多いので、僕にとっては健太くんと話すだけでも力になってます。

健太 それは僕も同じで、日々の些細なことでも「こういうことがあったんだよ」ってゆーちゃんと話すことがヒーリングになってるし、ストレスが溜まってたとしても自然と解消できてるのかなって思う。同期だし、家も近いし、本当にいろいろな要素が奇跡的にうまくハマったよね。

U 今もこうやって、たまたまお互いの日本でのスケジュールが被って、日本で対談できてますしね(笑)。

健太 それも本当にそう！(笑) こうして対談を受けてくれたこと、すごく感謝してます。あと、他の仲良い子たちとは結構一緒に仕事してるけど、ゆーちゃんとは日韓合わせても今までなかったから。

U 確かに、そうですよね。

健太 だから不思議な感じもするし、一緒に撮影するのも初めてだったから嬉しかった！ これからもよろしくね。

おわりに――アイドルを夢見る君へ

初めて執筆のお誘いをいただいた時、僕は本を書ける自信がなかった。その頃は僕自身の人生について深く悩み、先の見えない人生をどうやって歩んでいけばいいのか答えが欲しかった。表舞台からの引退を考え、誰も知らない場所へ行こうとまで思っていた僕が、本を書いてそれが誰かのためになるなんて思えなかった。結局、一度お断りしたのだが、2023年の初め、改めて本の出版のお誘いをいただいた時、僕だからこそ書けることがあるかもしれないと思えた。アイドルとしての経験が少しでも誰かのためになるのなら、それはきっとやる意味がある。そして改めてアイドルとは何かを、この本を通して投げかけることができれば、アイドル業界の未来がさらにいいものになるのではないかと思えた。

さて、皆さんにとっての「アイドルとは何か」を探すことはできただろうか。所詮、誰しも「アイドルとは何か」なんて分かっていないし、千人いれば千通りのアイドル像があって、その間はグラデーションのように曖昧なままだ。だから美しいと感じるし、時に困惑もする。仕切りがないからこそ、アイドルの正解も間違いも混ざって見える。そもそも正解も間違いもないけれど、グラデーションの中にいるアイドルもファンも関係者も、それぞれの答えを自分の中で決めればよくて、それを共有する場所が「アイドル」であればいいと思う。それは決して他人を否定して自分のアイドル像を突き通すことではなくて、「アイドルらしさ」という曖昧さを残し、その美しさをみんなで楽しむための方法としてあなたなりの答えを見つけてほしい。そうすれば、きっとただ消費するだけのアイドルの形ではなく、文化的アイドルの形が残っていくのではないかと思う。

最後に少し、アイドルを夢見る方にもお話ししたい。

あなたはなぜアイドルになりたいと思うだろうか。

踊って歌いたいから？　憧れの人みたいになりたいから？　それとも、親が勧めたから？　人それぞれ理由はあると思う。でももしお金をたくさん稼ぎ、チヤホヤされるためにアイドルになりたいと思うのなら、いつかそうでなくなった時につらく苦しい未来が待っているはずだ。僕も一瞬でもチヤホヤされることに嬉しさを感じたが、それはほんの一瞬だけのことだ。まずは楽しむことを知り、楽しんだ先にお金と周りからの愛が待っていること、そして本当の意味で楽しむためには、自分を愛することが大切であることを知ってほしい。なんで自分はこんなにもダンスができないんだと落ち込むのではなく、自分のダンスの良さを見つけてみる。そんな些細なことからでいい。どんな状況も楽しんで自分を愛する。そうすれば必然的に周りからも愛されるようになる。全てを伝えることはできなかったけれど、自分を愛する方法をこの本の至る所にちりばめたから、あなたなりの方法を見つけてほしいと思う。

きっとあなたの夢は高い山の頂上まで登るように大変だろう。でもあの山の頂上に行きたいと思い、遠くばかりを見て歩き続ければ、足元にある色んな障害物が見えずに何度も転んでしまう。だからあくまでも視線は目の前にある花や障害物を見ながら、頂上まで上り詰めてほしい。あなたの夢が叶うよう、僕も心から応援している。

最後の最後に、ここまで読んでいただいた皆さんに心からの感謝を届けたい。僕の想いがどれほど届いているか知ることはできないが、きっと皆さんのところに届いていると信じている。またいつか、この話の続きをできるように、僕もアイドル髙田健太として走り続けたいと思う。そして、決して一人では今日という日を迎えることはできなかったであろう僕に、居場所を与えてくれた数え切れないほどの大切なファンや関係者の方々、友人や知人、家族にもこの場を借りて感謝すると共に、素晴らしい機会をくださった担当編集さんをはじめ、この本のために力を貸してくださったＭＩＤＵＭＵの平松さんを含む全てのスタッフさん、古家さん、ゆーちゃんにも心から感謝したい。

著・イラスト　髙田健太

2017年に韓国で放送されたサバイバル番組「PRODUCE 101 Season2」に唯一の日本人練習生として出演し、話題を呼ぶ。番組終了後にファンの間でデビューを望む声が高まったメンバーが集結して「JBJ」を結成し、デビューを果たした。その後も継続してグローバルな活躍を続け、現在は「KENTA・SANGGYUN」として活動中。また、アート活動も精力的に行っており、2021年には個展「MADE in KENTA」を日韓で開催した。本作が初著書となる。

デザイン	木庭貴信＋青木春香（OCTAVE）
DTP	新野 亨
校正	東京出版サービスセンター
協力	平松道子（MIDUMU）
編集・取材・文	森田智沙登
撮影	Kyutai Shim（カバー・ソログラビア）、ヤナセタマミ（対談）
ヘア	LEE HYE JIN（jungsaemmoolinspiration／カバー・ソログラビア）
メイク	Lee hyunkyung（jungsaemmoolinspiration／カバー・ソログラビア）
ヘア&メイク	NAO（対談・髙田）、荻堂優花（Artesano／対談・古家）、藤原加奈（対談・U）
スタイリスト	HARU（髙田）、 KIM MIN JUN、LIM DA EUN（ともにThe Higher／対談・U）

日本人が韓国に渡って
K-POPアイドルになった話。

2024年1月23日　初版発行

著者　髙田健太

発行者　山下直久

発行　株式会社KADOKAWA
〒102-8177　東京都千代田区富士見2-13-3
電話0570-002-301（ナビダイヤル）

印刷・製本　図書印刷株式会社

●お問い合わせ
https://www.kadokawa.co.jp/（「お問い合わせ」へお進みください）
＊内容によっては、お答えできない場合があります。
＊サポートは日本国内のみとさせていただきます。
＊Japanese text only

定価はカバーに表示してあります。
　ISBN 978-4-04-897684-8　C0095

Pink Lady
L
ガラガラ蛇